KB198276

《상권을 이기는 작은 가게 성공 법칙》
출간 기념 초판 이벤트

생활맥주에서 만나는
바삭바삭 '감자튀김'

- "생활맥주" 전 지점에서 1회 사용 가능합니다.
- 한 테이블당 하나의 쿠폰 사용 가능합니다.
- 음료 및 주류 주문 시 사용 가능합니다.
- 포장은 불가하며 매장에서 취식 시 사용 가능합니다.
- 주문 시 직원에게 쿠폰을 절취하여 제시해 주세요.
- 사용기한 ~2025년 06월 30일까지

※ 본 이벤트는 출판사와 업체의 사정에 따라 예고 없이 종료될 수 있습니다.

 생활맥주 인스타그램을 팔로우하고
다양한 이벤트와 혜택을 확인하세요.
@dailybeer_official

 생활맥주 홈페이지에서 가까운 지점
검색 후 방문해 주세요.
https://dailybeer.co.kr/

상권을 이기는

작은 가게
성공 법칙

상권을 이기는

작은 가게
성공 법칙

임상진 지음

**10평 매장에서
브랜드 매출 750억으로 성장한
생활맥주 스토리**

필름

외식업 브랜딩의 본질을 낱낱이 알려주는 책이다. 문화를 만
드는 외식 브랜드는 흔치 않다. 국내에 새로운 맥주 문화를
만든 브랜드로 외식 업계에 방점을 찍은 생활맥주의 비즈니
스 전략과 마케팅 사례, 팬덤 전략까지 브랜딩의 속살을 숨
김없이 내놓은 이 책은 외식업 브랜딩에 관한 질문에 현실
적으로 매우 쓸모 있는 대답이 되어줄 것이다. 외식업 종사
자뿐 아니라 자영업을 준비하는 이들과 마케팅 및 브랜딩
기획에 관심 있는 모든 이들에게 일독을 권한다.

— 홍성태《브랜드로 남는다는 것》 저자)

생활맥주 임상진 대표는 외식 프랜차이즈 브랜드 대표들이
조언을 구하고 강의를 청해 듣는 사업가다. 저자가 외식 프

랜차이즈 브랜드 대표들을 상대로 열었던 수많은 강의에서 들려준 '외식 프랜차이즈 브랜드로 성공하는 법'을 이 책에서 만날 수 있다. 많은 프랜차이즈 본사들이 다브랜드 전략을 취하는 데 반해 생활맥주는 단일 브랜드로 오랜 기간 사랑받고 있어 많은 외식 사업가들에게 좋은 본보기가 되고 있다. 특히 치열하고 짧은 생명력의 주류 브랜드 시장에서 보기 드물게 지속 성장하고 있는 이유를 이 책을 통해 조금이나마 알 수 있게 되어 매우 기쁘게 생각한다. 저자는 "음식점을 창업하는 모든 자영업자가 프랜차이즈 기업을 이룰 수 있다"고 창업가들을 응원할 뿐 아니라 작은 가게가 프랜차이즈 브랜드로 성장하는 구체적이고 실용적인 방법을 친절히 알려준다. 외식업을 시작하는 모든 창업가에게 저자의 모범적인 프랜차이즈 모델이 외식 사업 교과서가 되어 널리 읽히길 바란다.

— 정현식 (한국프랜차이즈산업협회장)

외식 창업의 A to Z를 알려주는 이 책은 사장은 되고 싶지만 실패는 두려운 예비 창업자들에게 든든한 멘토가 되어줄 외식 창업 교과서이다. "작은 가게를 운영하는 데에도 기업가정신이 필요하다"는 저자의 통찰에 크게 감명받았다. 책 속

곳곳에 녹아 있는 저자의 기업가 정신은 외식업 산업뿐 아니라 많은 스타트업 창업자들에게도 귀감이 될 만한 내용으로 많은 창업가들에게 널리 읽히길 희망한다. 이 책을 관통하는 상권을 이기는 작은 가게 성공 법칙 하나하나가 자영업자들에게 든든한 무기가 될 것임을 확신한다. 사업을 시작하려는 사람이라면 필수로 읽어야 할 책이다.

— **김현우**(서울경제진흥원 대표)

진입 장벽은 낮지만 오래 살아남기는 어려운 외식 업계에서 10년 넘게 브랜드를 지속 성장시킨 저자는 외식 업계 사람들이 궁금해하는 존재였다. 비상한 사업 감각을 가진 저자가 첫 책《상권을 이기는 작은 가게 성공 법칙》을 통해 생활맥주의 경영 철학과 사업 노하우를 과감히 털어놓고 있다. 치열한 외식 업계에서 경쟁하지 않고 생존하는 비법부터 시장 1위에 이르기까지의 과정을 친절하게 설명하는 이 책은 모든 외식 업자들의 꿈을 현실로 만들어줄 지침서다.

— **진내경**(외식 인플루언서 (내궁 @naegung_tasty),

브랜딩 디렉터, 엔지티 컴퍼니 대표)

이 책이 왜 이제야 나왔을까. 외식업에 처음 뛰어들었을 때

너무나 막막해서 외식 사업 전문가의 조언이 절실했다. 이 책은 외식 창업가의 목마름을 해결해주며, 외식업 성공 노하우를 아낌없이 설명해준다. 특히 작지만 강한 가게를 꿈꾸는 창업가들에게 큰 용기와 깨달음을 안겨주는 책이다. 작은 가게가 고객에게 깊이 뿌리내리기 위해 필요한 방법들을 자세하게 설명해주어 초보 자영업자들에게 큰 도움이 될 것이라 믿는다. 11년간 생활맥주를 지켜온 임상진 대표의 사업 철학이 오롯이 녹아있는 이 책은 초보 자영업자들에게 친절한 멘토가 되어줄 것이다.

— 유용욱 (유용욱바베큐연구소 대표)

외식 사업을 한다는 것

2014년에 론칭한 생활맥주가 올해로 11년 차를 맞이했다. 여의도의 10평 매장에서 시작한 생활맥주가 전국 250여 개의 지점을 운영하는 프랜차이즈 기업으로 성장하자 내게 "생활맥주의 성공 비결이 뭔가요?"라고 묻는 이들이 많아졌다. 내 대답은 하나다. "작은 음식점도 기업가 정신으로 경영해야 한다"는 것이다.

나는 '장사'라는 말을 좋아하지 않는다. 장사의 사전적 의미는 '이익을 얻기 위해 물건을 사고파는 행위'인데, 이는 외식 사업의 의미를 매우 축소시킨다. '물건을 사고파는 것'의 이유가 '이익을 얻기 위해'라고 풀이되기 때문이다. 장사의 목적은 '이윤 추구'인 셈이다. 이는 외식 사업가가 가져야 할 마음가짐과 정반대되는 개념이다. 사업의 사전적 의미는 '어떤 일을 일정한 목적과 계획을 가지고 짜임새 있게 지속적으로 경영하는 것'이다. 사업에는 '이익'이라는 단어조차 포함되어 있지 않다. 이익을 우선시하지 않는 것이다. 장사와 사업은 행위는 같으나 목적이 다르다고 할 수 있을 것이다.

외식업은 똑똑한 사장이 아니라 마음씨 좋은 사장이 성공하는 비즈니스다. 외식업은 머리로 하는 것이 아니라 마음으로 하는 것이기 때문이다. 외식 사업은 애초에 이익을 추구할 목적으로 시작해서는 성공할 수 없는 사업이다. 음식점은 이익을 얻기 위해 음식을 파는 것이 아니라 먼저 소비자에게 가치 있는 음식과 공간을 제공하고 그로 인해 이익이 따라오는 구조로 운영되어야 한다. 이익에 집착하는 한, 가치 제공을 통한 이익 창출이라는 선순환 구조를 만들 수 없다.

"기업의 궁극적 목적은 이익이 아닌 고객 창조."[1]
미국의 경영학자 피터 드러커는 그의 저서 《경영의 실제》에서 기업의 목적을 이와 같이 정의했는데, 나 역시 기업의 존재 이유는 고객 창조에 있다고 생각한다. 외식업으로 성장하고 싶다면 이익이 아닌, 고객을 창조할 수 있어야 한다. 아쉽게도 대한민국 외식 업계에서는 고객을 창조하는 기업이 드물다. 새로운 시장과 새로운 외식 문화, 새로운 고객을 창조하는 것보다 기존 고객을 서로 빼앗기 위해 치열하게 경쟁하는 경우가 많다. 소위 '뜨는 상권'에 가면 대한민국 외식 업계의 유행을 한눈에 볼 수 있을 정도다. 상권 안에 유행에 따라 변화하는 매장을 다수 만날 수 있다. 좀 잘된다 싶으면 우후죽순 비슷한 콘셉트의 브랜드들이 범람한다. 탕후루 가게 옆에 탕후루 가게가 있는 식이다. 과연 유행을 좇아가는 외식업을 고객 창조라고 할 수 있을까? 국내에서 장기적으로 지속 성장하는 외식 브랜드는 손에 꼽을 정도로 적다. 국내 브랜드 평균 존속연수가 3.5년인 것은 이를 뒷받침한다.[2] 하지만 기업은 지속 성장할 때만 의미가 있다.

기업가 정신은 벤처 정신을 기반으로 한다. 새로운 시장을 개척하려면 혁신을 추구하는 도전 정신이 필수이기 때문이다. 이 책은 외식업이 기업가 정신을 바탕으로 어떻게 성장하면 좋을지에 대한 나의 깊은 고민과 (주)데일리비어를 11년간 경영하면서 이익보다 '고객을 위한 가치 창조'를 우선시했을 때마다 생각지도 못한 큰 성과를 거둔 경험담을 담은 '외식업 멘토링 북'이다. 프랜차이즈 사업을 운영하는 동안 시행착오를 겪으며 '기업가 정신이야말로 외식업이 성장하는 동력'이라는 것을 몸소 깨우쳤다.

이 책을 통해 외식업을 시작하려는 많은 이들에게 작은 음식점을 경영하는 데에도 기업가 정신이 필요하다는 말을 꼭 전하고 싶다.

저자 임상진

목차

추천사   005

INTRO   외식 사업을 한다는 것   009

외식업 생존,
이것만 알아도 실패는 면한다

사업에 실패하는 창업가들의 공통점   019

초보 창업가들의 흔한 착각   029

작은 가게에도 기업가 정신이 필요하다   036

외식 창업가에게 요리 실력보다 중요한 자질   041

접객 멘트는 공부해서 배우는 것이 아니다   046

창업 첫날에 성공 DNA를 심지 못하면 그 가게는 망한다   054

가짜 전문가만 피해도 실패는 면한다   060

창업가의 목표는 '그 분야 최고'여야 한다   067

창업의 성공 여부는 폐업할 때 판가름 된다   070

이런 프랜차이즈라면 시작하지 않는 편이 낫다   075

상권을 이기는
작은 가게 성공 법칙

'경쟁하지 않는다'는 원칙   087

기억하기 쉬운 상호에 사람들이 몰린다   097

외식업의 핵심은 경쟁력 있는 공간이다   103

인테리어만이 공간 브랜딩이 아니다   115

내 가게의 음악을 찾아라   119

유동 인구 적은 주택 상권에도 사람들이 몰리는 가게   125

좋은 상권에서 권리금 없는 매물을 찾는 법   130

주점 브랜드의 핵심 콘텐츠는 술이어야 한다   135

모든 대박집의 시그니처 메뉴는 3개 이하다   141

작게 창업해서 크게 확장하라   147

작은 브랜드의 브랜딩은
달라야 한다

치열한 외식 업계에서 생존하는 마케팅   155

페르소나 시점으로 브랜딩하라   162

인플루언서는 단골이 아니다   167

작은 가게에도 팬덤이 필요하다   171

팬이 아닌 소비자까지 끌어당기는 마케팅   178

불경기에는 게임의 룰을 바꿔라   183

잘나가는 프랜차이즈 기업도
처음에는 하나의 작은 가게였다

내 가게도 프랜차이즈가 될 수 있을까?　　　　　　　　　193

가맹점과의 분쟁을 없애는 수익 밸런스 설계　　　　　　201

프랜차이즈의 룰을 따르지 않는 프랜차이즈　　　　　　208

프랜차이즈가 직영점을 운영해야 하는 이유　　　　　　217

50개 이상의 다점포를 안정적으로 관리하는 법　　　　　223

미투 브랜드를 극복하는 법　　　　　　　　　　　　　229

OUTRO 외식업자의 꿈　　　　　　　　　　　　　　235

참고문헌　　　　　　　　　　　　　　　　　　　　238

Part

1

외식업 생존, 이것만 알아도
실패는 면한다

사업에 실패하는
창업가들의 공통점

20년간 외식업에 종사하면서 나는 수많은 매장이 문을 열고 닫는 것을 보았는데, 사업에 실패하는 사람들은 몇 가지 공통점을 가지고 있다는 점을 깨달았다. 안타깝게도 사업에 실패한 사업가 대부분은 기업가 정신이 결여된 창업가들이었다. 외식 사업을 실패로 이끄는 마음가짐은 크게 네 가지로 분류된다.

첫째, 트렌드에 편승해서 성공하려는 마음이다. '요즘 대만 카스테라가 인기던데, 나도 대만 카스테라 매장을 내면 장사가 잘되겠지?'라거나 '경리단길이 뜨니까 나도 경리단길에 매장을 내야겠다'라고 생각하는 것이다. 혹자는 "트렌드를 따르는 게 뭐가 나빠?" 혹은 "인기 많은 아이템으로 뜨는 상권에서 가게를 오픈하면 성공 확률이 높아지는 거 아냐?"라고 말할 수도 있다.

문제는 기껏 남의 아이디어를 베껴봤자 그 사업이 오래 지속되지 못한다는 것이다. 내가 모방하기 쉬운 아이템은 남도 모방하기 쉽기 때문이다. 대만 카스테라, 흑당 밀크티 같은 미투 브랜드만 봐도 한때는 폭발적인 인기를 누렸지만 경쟁이 과열되면서 어떤 브랜드도 오래가지 못하고 시장 자체가 사라져 버렸다.

많은 초보 창업가들이 유행에 편승했다가 낭패를 본다. 한철 장사를 할 요량이라면 트렌드를 좇는 것이 맞겠지만, 지속 가능한 외식 브랜드를 기획하고자 한다면 트렌드를 좇아선 안 된다. 특정 업종의 유행이 얼마나 갈지는 아무도 알 수 없다. 주식 시장에 빗대어 말하자면, 외식 사업을 할 때도 성장주보다 가치주에 투자해야만 실패를 줄일 수 있다.

현시대의 외식 소비 성향을 파악하고 트렌드에 맞는 사업 아이템을 개발하는 것은 창업가로서 당연히 해야 할 일이다. 하지만 트렌드를 이해하는 것과 트렌드에 편승하는 것은 다르다는 것을 잊어서는 안 된다.

둘째, 이윤 추구를 최우선으로 하는 마음이다. 사업은 '이 아이템이 많이 남을까?'라는 마음이 아니라 '이 아이템이 고객에게 진짜 필요할까?'라는 기업가 정신이 밑받침되어야 성공한다. '이윤 추구 최우선'이라는 개념을 극단적으로 나쁘게 해석해 보자면, '돈만 벌리면 기업가 정신을 위배하는 일도 서슴지 않겠다는 마음'이라고 할 수 있다.

작은 음식점이든 외식 프랜차이즈 브랜드든 이윤을 추구하는 것은 당연하지만, 합리적인 이윤 추구를 넘어 맹목적으로 이윤만을 추구하면 서비스 품질에 문제가 생기기 쉽다. 당장은 매출과 수익이 증대될 수 있지만, 고객과의 소통에 실패하면 사업이 오래 지속되지 못하게 된다. 음식 사업은 수학이 아니다. '누가 더 손님에게 마음을 쓰느냐'의 싸움이다. 성공한 사업가는 고객의 만족을 최우선으로 생각한다. 당장 이윤이 남지 않더라도 한 번 방문한 손님이 만족해서 돌아갈 수 있도록 매장을 운영해야만 외식업에서 성공할 수 있다.

특히 동네 음식점에서는 사장이 내어주는 크고 작은 서비스가 단골을 만드는 가장 쉬운 방법인데, 사장이 '이 테이블은 맥주 두 잔과 치킨 한 마리를 시켰으니 서비스를 주면 오히려 손해인데?'라는 식으로 생각해서는 사업을 성공으로 이끌 수 없다. 나는 '생활맥주에서는 모든 고객이 즐거운 경험만 했으면 좋겠다'는 마음으로 외식 사업을 시작했다. 새로운 안주가 출시되면 단골손님에게 서비스하는 것은 물론이고, 손님이 맥주에 감자튀김을 빠뜨리는 것을 보면 손님이 마시던 종류의 맥주 한 잔을 무료로 서비스했다. 고객이 맥주를 반 이상 마셨어도 서비스 맥주는 한 잔 가득 내어줬다. 고객이 기분 좋게 술자리를 마무리했으면 좋겠다는 마음이 컸기 때문이다.

그런데 서비스보다 이윤을 중시하는 사장이 꽤 많다. 최근에 김밥집에 갔다가 황당한 일을 겪었다. 김밥을 두 줄 주문하면서 젓가락을 3개 요청했더니 주인장이 "2인분에 젓가락을 3개 드릴 수 없습니다"라고 답한 것이다. 손님에게 고작 젓가락 하나를 더 못 내놓는 사장이 운영하는 가게가 얼마나 오래갈 수 있겠나. 아니나 다를까, 그 김밥집은 오래 지나지 않아 문을 닫았다. 내가 주변에 이 얘기를 해주면 "거짓말! 진짜 그런 가게가 있다고요?"라고 되묻는 사람이 많았다. 그런데, 진짜다. 세상에는 이토록 현명하지 못한 방법으로 이윤을 추구하는 사람도 있다.

초보 사장일수록 마진에 집착한다. '이 메뉴를 팔면 얼마가 남지?'라고 눈앞의 이익을 계산하는 데만 신경을 쓰는 것이다. 그런데 원가를 계산하면 모든 서비스가 경비로 느껴진다. 음식점을 운영하면서 가장 경계해야 할 마음가짐이 바로 '아껴야 잘산다'는 마음이다. 그런데 나는 아껴서 잘사는 사람을 본 적이 거의 없다. 특히 고객을 대상으로 아끼는 것은 절대 피해야 한다. 서비스를 아끼면 고객을 빠르게 잃는다. 마진에 매달리면 고객의 만족도는 떨어지기 마련이다.

아껴야 할 것은 서비스가 아니라 쓸데없이 버려지는 경비다. 허술한 재고 관리로 인해 버려지는 것은 없는지, 주방 기기, 인테리어, 인건비에 필요 이상으로 과한 투자를 하고 있는 것은 아닌지 등 전반적인 경영 방식을 점검해야 한다. 운영 비용을 현명하게 쓰는 사람이 사업에도 성공한다. 무조건 아낄 것이 아니라 필요한 곳에 과감하게 투자할 줄 아는 사업가만이 사업을 성장시킬 수 있다.

'대박을 꿈꾸는 마음'도 이윤을 최우선으로 하는 마음과 연장선에 있다. 빨리 벌어서 폼 나게 살고 싶다는 마음으로 사업에 뛰어드는 사람은 이윤을 최우선으로 추구하게 된다. 이윤을 추구하는 마음이 극대화되면 손님과 진정성 있게 소통하기가 어렵다. 당연히 이런 사업도 오래 지속되기 힘들다.

셋째, 사업을 통해 자아실현을 하고자 하는 마음가짐이

다. 핫한 상권에 가면 세련되고 감각적인 취향을 뽐내는 매장이 많다. 새로운 라이프 스타일을 제안하는 공간 브랜딩과 섬세한 서비스를 경험하면서 '와, 어떻게 이런 공간과 서비스를 생각해 냈지?'라고 공감할 때도 있지만, 때로는 공간 브랜딩과 서비스가 필요 이상으로 과해서 사업장이 마치 사장의 감각을 자랑하는 수단처럼 느껴지는 매장도 있다. 창업가가 사업장을 통해 '나는 이렇게 멋진 취향을 가지고 있어', '나는 이렇게 섬세하고 세련된 입맛을 가지고 있어', '나는 이렇게 똑똑해', '나는 이렇게 멋져'라고 과시하는 것처럼 보이는 것이다.

하지만 창업가의 자아실현은 사업체가 소비자에게 도움이 될 때만 의미가 있다는 것을 잊어서는 안 된다. 창업가가 제공하는 공간 브랜딩을 통해 소비자가 영감을 받고, 브랜드의 섬세한 서비스를 통해 고객이 편리해져야 한다. 사업장은 반드시 고객에게 필요한 가치를 제공하는 것이 최우선이 되어야 한다.

사업을 통해 자아실현을 꿈꾸는 창업가 중 인테리어가 멋진 매장을 통해 감각과 취향을 뽐내고자 하는 사람이 많다. '공간이 인스타그래머블해야 성공한다'고 스스로를 세뇌시키면서 '이건 내 감각을 드러내고 싶어서가 아니라 우리 사업에 꼭 필요한 부분이야'라고 생각한다.

물론 외식업에서 공간 디자인은 매우 중요한 브랜딩 요소이고 나 또한 디자인에 가장 많은 시간을 투자한다. 그런데 '주목받고 싶은 마음'만 앞서는 창업가들은 공간 브랜딩을 멋진 공간, 럭셔리한 공간, 세련된 공간을 만드는 것이라고 오해하는 경우가 많다. 매장의 아이덴티티와 상관없이 창업가의 취향만 한껏 담은 공간으로는 사업에 성공할 수 없다. 결국 맥줏집은 맥주를 마시기 좋은 곳이어야 하고 고깃집은 고기를 먹기 좋은 곳이어야 한다.

모든 브랜딩의 시작은 '고객에게 필요한 것인가?'라는 명제가 기본이 되어야 한다. 공간 브랜딩을 할 때는 '공간의 모든 요소가 브랜드의 결과 잘 어울리는가?'와 '우리의 정체성을 명확히 하는가?', '우리 고객이 좋아할 만한 콘셉트인가?'라는 질문이 선행되어야 한다.

사업의 핵심은 고객이다. 사업은 창업가 자신이 아닌, 고객을 우선시해야 한다. 사업의 모든 것은 고객을 위한 것이어야 한다. '내 요리 솜씨를 뽐내고 싶어'라는 마음이 아니라 '우리 동네에 이런 음식점이 있으면 좋을 텐데'라는 마음으로 가게를 차려야 성공할 수 있다.

넷째, 자유를 추구하는 마음으로 사업을 시작하는 마음가짐이다. 매일 9시간 이상 업무에 시달려야 하는 직장 생활을 청산하고 싶어서 혹은 일하다가 쉬고 싶을 때 쉴 수 있는 자유를 얻고자 사업을 시작했다가는 금세 후회하게 된다. 사업 초기에 사장은 잠잘 시간도 부족할 정도로 많은 일을 처리하게 된다. 매장 운영뿐 아니라 식자재 주문, 재고 관리, 세금, 직원 관리, 마케팅 등 신경 써야 할 일이 산더미다.

'그래도 사업이 궤도에 오르면 여유롭게 일할 수 있겠지!'라는 생각도 금물이다. 사업이 궤도에 오른다고 해서 일은 줄지 않는다. 일의 종류가 달라질 뿐이다. 20년 동안 사업을 하면서 나는 많은 사업가를 만났는데, 성공한 사업가들은 하나같이 작은 성공에 만족하지 않고 쉼 없이 새로운 서비스, 새로운 프로젝트를 기획하고 있었다. 이미 성공한 브랜드도 더 크게 성장시키기 위해 개선해야 할 점이 생기게 마련이다. 지속 성장하는 기업들은 멈춰 있지 않는다. 끊임없이 변화하며 사업 영역을 더 깊게 혹은 더 넓게 확장하며 성장한다.

또한, 나는 게으른 사업가가 성공하는 것을 본 적이 없다. 사업이 좀 잘된다 싶으면 작은 성공에 만족하고 편안함을 추구하는 경우를 자주 보게 되는데, 이들의 전성기는 대체로 짧다. 오픈 초기에 대박집이 되어 사업이 잘되는 듯해도 이에 만족하고 발전하려는 노력을 멈춘다면 얼마 지나지 않아 쇠락한다.

'컴포트 존Comfort Zone'에 머무는 순간 사업은 정체되기 쉽다. 기업 경영은 자전거를 타는 것과 같아서 멈추면 넘어지게 된다. 기업은 끊임없이 성장하지 않으면 곧바로 도태된다. 발전에 발전을 거듭하지 않으면 새로 오픈한 가게에 손님을 내어주게 되는 것이다.

쉽고 빠르게 성공하고 싶은 마음이 크다면 사업을 해서는 안 된다. 단번에 성공하는 사업은 없다고 생각해야 마음이 편해질 것이다. 설사 빠르게 성공했다 하더라도 오래 지속되기 어렵다. 사업에 성공하기까지는 크고 작은 시행착오의 경험이 반드시 필요하기 때문이다. 설사 사업 초창기에 시행착오 없이 소기의 성과를 빠르게 거두었다고 해도 사업을 더 크게 성장시키기 위해서는 도전해야 할 일이 산더미처럼 쌓여 있다. 자유와 편안함을 추구하는 마음으로 사업을 시작했다면, 도전의 과정이 지옥처럼 느껴질 것이다.

일본의 자동차 회사인 도요타에서는 '카이젠 정신'을 강조한다. '개선'이라는 의미의 일본어 '카이젠'과 '정신'이 합쳐진 이 말은 조금이라도 더 나아지기 위해 현실에 안주하지 않고 끊임없이 개선에 개선을 거듭하는 경영 철학이다. 도요타는 매년 100만 건의 '카이젠'을 실천하며 성장해왔다고 한다. 외식업도 마찬가지다. 고객에게 더 나은 음식, 더 나은 서비스, 더 나은 디자인을 제공하기 위해 계속해서 개선해야 한다.

성공한 기업가는 산업과 소비자를 리드하기 위해 끊임없이 개선된 서비스를 선보인다. 창업가는 사업이 안정화되면 일의 일부를 적임자에게 위임하고 다음 단계로 올라가기 위해 전진해야만 한다. 창업가가 멈추면 기업이 멈추기 때문이다.

초보 창업가들의
흔한 착각

많은 초보 창업가들이 외식 사업을 쉽게 생각하고, "일 그만 두고 음식점이나 할까?"라고 말한다. 그리고 근거 없는 자신감을 바탕으로 자신의 성공을 확신한다. 그런데 초보 창업가가 성공을 확신하는 바로 그 사업 경쟁력이 알고 보면 잘못된 경영 전략인 경우가 많다. 외식 창업을 앞두고 있다면, 다음과 같은 착각에 빠져 있는 것은 아닌지 확인해 봐야 한다.

첫째, '아는 사람들이 많이 와줄 테니까 장사가 잘되겠지'라는 착각이다. 지인은 고객이 아니다. 생각보다 많은 창업가들이 지인을 고객으로 오해하거나 지인이 고객 역할을 해

주기를 기대한다. '내가 ○○회사 출신이니까 그 회사 옆에 매장을 내면 지인들이 도와주겠지'라고 생각한다면 오산이다. 지인 고객은 오픈 초기에 한 번쯤 인사차 방문해 주는 것만으로 만족해야 한다. 지인에게 도움을 받고 싶다면 오픈 초기 단계에서 실수를 줄이기 위해 점검을 요청하는 정도이거나 오픈 초기 마중물 역할을 기대하는 정도여야 한다. 오히려 브랜드 론칭 초기 단계가 아니라면 지인을 매장에서 만나는 일을 피하는 것이 좋다. 사장이 손님은 신경 쓰지 않고 지인과 어울리는 모습은 음식점에서 가장 보기 안 좋은 모습 중 하나다. 무엇보다 매장은 지인이 아니라 새로운 고객으로 채워야 한다.

둘째, '맛있으면 잘되겠지'라는 착각이다. TV에 출연하는 자영업자들을 보면 하나같이 음식의 맛에만 파고든다. 음식이 맛있어야 하는 것은 기본이다. 하지만 음식이 맛있다고 해서 다 성공하는 것은 아니다. 음식의 맛은 중요한 경쟁력이지만, 맛있게 만든 메뉴만 있으면 소비자가 알아서 찾아올 거라는 착각에서 벗어나야 한다. 외식 브랜드로 성공하려면 음식 맛뿐 아니라 가격, 디자인, 서비스, 위치, 콘셉트, 마케팅 등 성공 필수 요건들이 모두 갖춰져야 한다.

셋째, '잘하는 사람이랑 동업하면 잘되겠지'라는 착각이다. "요리를 잘하는 지인과 함께 창업하기 때문에 대박이 날 것"이라고 말하는 외식 창업가들을 자주 보게 된다. 그런데 사업은 구성원 모두가 같은 방향을 향할 때에 성장할 수 있다. 아무리 친구라 해도, 가족이라 해도 매 순간 같은 방향을 추구하기란 여간 어려운 일이 아니다. 특히, 사업의 중요한 부분을 동업자가 담당하고 있다면 사업을 하지 말라고 권하고 싶다. 동업을 하면 무조건 실패한다는 얘기는 아니다. 하지만 창업을 할 때는 실패의 확률을 하나라도 더 줄이는 것이 매우 중요하다. 가족과의 동업도 피하는 것이 좋다. 계약서를 아무리 꼼꼼히 작성해도 분쟁은 생긴다. 모든 일이 계약서대로 진행될 수 있다면 변호사는 모두 굶어 죽을 것이다. 사업은 창업가가 키를 쥐고 있어야 어떤 경우에도 흔들리지 않는다. 반드시 동업이 필요하다면, 동업자는 조수석에 태우고 어떤 순간에도 내가 운전대를 놓치지 않아야 한다. 사업에 꼭 필요한 인력이라면 직원으로 고용하거나 돈을 주고라도 그 기술을 내가 배워서 창업하는 것이 훨씬 낫다. 그간 내가 본 동업 사례들로 가늠해 보자면, 작은 가게에 사장이 둘이라면 시작하지 않는 편이 낫다.

넷째, '위치가 좋으면 잘되겠지'라는 착각이다. 대한민국 상권은 변화무쌍하다. 한때 발 디딜 틈이 없을 정도로 북적였던 경리단 상권이 그렇게 빨리 무너질 거라고 예상한 사람은 거의 없을 것이다. 또, 성수동이 그렇게 가파르게 성장할 줄 누가 알았겠는가. 모든 상권은 살아있는 생물처럼 끊임없이 변화한다. 때문에 높은 권리금을 투자해서 유동 인구가 많은 상권에 들어간다고 해서 성공을 보장받을 수 있는 것은 아니다. 위치보다 중요한 것은 '내 브랜드가 그 지역에서 경쟁력이 있는가' 하는 점이다. 어떤 지역이든 상관없다. 입지 전략을 세울 때는 내 사업이 그 지역에서 사랑받을 수 있을지를 먼저 고민해야 한다. 그렇지 않다면 고객들이 멀리서도 기꺼이 찾아올 수 있을 정도로 충분한 매력을 가지고 있는지를 점검해야 한다. 두 가지 모두 해당하지 않는다면, 내 사업이 경쟁력을 가질 수 있는 다른 곳을 찾아내야 한다. 유동 인구가 많다고 해서 좋은 상권은 아니다. 어차피 그 지역의 많은 유동 인구를 내 매장에서 모두 흡수할 수는 없기 때문이다. 내 매장을 충분히 채우고 회전시킬 정도의 유동 인구를 가진 지역이면 충분하다. 또 유동 인구가 적을수록 유동 인구가 많은 지역보다 권리금과 월세가 저렴한 것은 당연하다.

다섯째, '마케팅만 잘하면 성공하겠지'라는 착각이다. 마케팅 경험이 많은 창업가들이 자신의 마케팅 능력을 믿고 외식 창업을 쉽게 생각하는 경우가 많다. 마케팅만으로 성과를 낼 수 있는 매장은 단기간의 팝업 매장밖에 없다. 마케팅은 외식업의 성공을 위해 필요한 여러 요소 중 하나일 뿐이다. 외식업은 잘 짜인 마케팅만으로는 성공할 수 없다. 바이럴 마케팅이 신규 고객을 유입시킬 수는 있어도 재방문을 유도하긴 역부족이다. 고객이 재방문하기 위해서는 본질적으로 음식점의 경쟁력이 뛰어나야 하기 때문이다. 음식 맛은 기본이고 굳이 고객이 찾아와야 하는 가격 경쟁력, 공간 경쟁력 그리고 서비스 경쟁력도 갖춰야 한다. 같은 골목에 비슷한 매장이 생겨도 굳이 나의 매장에 와야 하는 당위성을 제공해야만 고객의 재방문이 가능하다.

여섯째, '싸게 팔면 잘되겠지'라는 착각이다. 가격이 저렴하면 고객의 만족도는 높아진다. 그런데 사업이 선순환되고 오래 지속되려면 소비자뿐 아니라 사업자도 만족스러운 수준의 이익을 얻을 수 있어야 한다. "죽어라 고생했는데 남는 게 없다"고 한탄하는 자영업자들이 많다. 대체로 사업가의 노동력이 제품 가격에 제대로 반영되지 못하는 경우도 많다. 그런 사업은 장기적으로 지속 가능하지 않다. 그러므로 외식 사업을 오래 유지하고 싶다면 손님이 기꺼이 제값을 지불할 만한 가치를 만들어 내야 한다. 정성이 엿보이는 음식과 감각적인 플레이팅, 매장의 청결과 정리정돈, 더 나은 분위기와 친절한 서비스 등 큰돈 들이지 않고도 가치를 올릴 방법은 얼마든지 있다. 그렇게 함으로써 고객이 기꺼이 값을 지불할 만한 가치를 창출해야 한다. 내 매장이 충분한 경쟁력을 가지고 있다면 손님이 내 매장에 올 수밖에 없기 때문이다. 가격을 필요 이상으로 저렴하게 설정할 필요가 없다. 특히 프랜차이즈 업계에 만연한 저가 공세는 매우 우려스럽다. 프랜차이즈는 개인 매장보다 이해관계가 얽힌 참여자가 많기 때문이다. 고객과 가맹점주뿐 아니라 많은 직원을 거느린 본사와 전국 규모의 물류사, 제조 공장까지도 이익이 배분되어야 하는 구조다. 모든 참여자에게 적절한 수익이 배분되어야 비즈니스가 지속 가능하다. 하지만 판매 가격이 저렴하다면 안정적인 수익 밸런스가 지속되기 어렵다.

일곱째, '마진율이 높으니까 많이 벌 수 있겠지'라는 착각이다. 초보 창업가들은 마진율이 곧 수익이라고 생각하는 오류를 범한다. "원가가 낮다더라", "마진율이 높다더라",

"그 사업을 하면 많이 남을 거라더라"라는 말에 혹해서 사업을 결정하는 창업가도 많다. 그런데 시장 경제 시스템에서 나 홀로 폭리를 취할 수 있는 업종은 없다. 특히 경쟁이 심한 외식업에서는 마진율이 아무리 높아도 그것이 지속적으로 유지되기란 불가능에 가깝다. 시장 생태계가 어느 한 브랜드가 높은 마진을 지속적으로 가져가도록 방치하지 않기 때문이다. 마진이 높은 사업이라고 소문이 나면 더 저렴하게 판매하는 경쟁 브랜드가 반드시 생기고, 가격 경쟁이 시작되면서 자연스럽게 시세가 낮아진다. 시장 경제는 냉정하고 정확하게 작동한다. 시장 경제는 폭리를 취하는 사업자를 보호하기보다 고객이 많은 혜택을 가져갈 수 있는 방향으로 발전한다.

작은 가게에도
기업가 정신이 필요하다

사업을 왜 하는가? 미국의 경영학자 피터 드러커는 기업의
궁극적 목적이 '고객 창조'에 있다고 말한 바 있다.[3] 기존에
없던 새로운 라이프 스타일을 제안하고, 그것을 소비하는 새
로운 고객을 창출하는 사업을 통해 이윤을 추구해야 한다는
뜻이다. 하지만 국내 외식 업계는 새로운 고객을 창출하는
대신 고객을 서로 빼앗는 경쟁이 고착화되어 있다.

　어떤 브랜드가 새로운 콘셉트로 성공하면 근처에 비슷한
콘셉트의 음식점을 오픈해서 옆집 고객을 빼앗아 오는 경우
가 횡행한다. 수제 맥줏집 옆에 수제 맥줏집이 생기는 식이
다. 이처럼 외식 업계에서는 피터 드러커의 이론에 정면으로

반하는 일이 허다하다. 혹자는 "작은 가게를 운영하는 데 기업가 정신까지 필요해?"라고 반문할 수도 있다. 그런데 기업가 정신이란 거창한 것이 아니다. 우리 사회의 어떤 문제점을 발견하고 그것을 해결하는 사업, 대중이 필요로 하는 서비스를 제공하는 사업, 즉 타인을 이롭게 하는 사업을 기획하고 경영하는 것이 기업가의 기본 정신이다.

기업가 정신은 이타심에서 출발한다. '경영의 신'이라 불리는 이나모리 가즈오 회장이 어떤 결단을 내릴 때마다 스스로 '동기가 선한가?', '사심은 없는가?'라는 질문을 던졌다는 일화는 유명하다. 그는 NTT(일본전신전화)의 독점 영업에 대항해 민간 통신사 KDDI를 설립할 때에도 이 질문을 스스로에게 던졌다. 그리고 민간 기업이 진출해야 NTT의 독점을 막고 요금 인하 경쟁을 유도해 이용자들의 부담을 덜 수 있다는 답을 얻은 후에야 사업에 착수했다고 한다.[4] 이처럼, 선한 동기는 사업을 성공으로 이끄는 중요한 요소이다.

사업은 문제의식과 이타심에서 시작되어야 한다. '고객이 필요로 하는 것이 무엇인가'를 고민하고 그에 대한 해답을 찾았을 때 비로소 사업은 성장할 수 있다. 사업을 시작하기 전에는 소비자가 내 사업을 진정으로 필요로 하는지를 먼저 체크해 봐야 한다. '왜 이 동네에 이런 음식점이 없을까? 생기면 사람들이 정말 좋아할 텐데', '왜 이런 제품이 없을까? 있으면 사람들이 참 편리할 텐데'라는 식의 이타적 사고가 기본이 되어야 한다.

생활맥주에 빗대어 보면 '왜 수준 높은 맥주는 이태원에 가야만 먹을 수 있는 걸까?', '왜 우리 동네에는 수제 맥주를 파는 곳이 없을까? 있으면 정말 좋을 텐데!', '품질 높은 맥주를 동네에서 쉽게 마실 수 있다면 얼마나 좋을까?'라는 문제점에서 시작한 것과 같은 맥락이다.

생활맥주 1호점이 생기기 전 여의도는 구매력이 높고 주거와 오피스가 혼재한 훌륭한 상권임에도 수준 높은 맥주와 고객을 만족시킬 만한 분위기의 공간이 없었다. 모두 오래되고 변화 없이 정체된 상점만이 즐비했다. 아니나 다를까 생활맥주는 오픈하자마자 주민들에게 폭발적인 사랑을 받으며 성장했다. 생활맥주는 오픈 단 몇 주 만에 주말에도 사람이 가득한 여의도의 핫한 술집으로 떠올랐다. 생활맥주가 이태원과 경리단, 해방촌에 없는 것도 같은 이유에서다. 이태원 근방에는 수제 맥주를 판매하는 곳이 이미 많기 때문에 굳이 생활맥주가 필요하지 않다고 판단했다.

하지만 대부분의 초보 외식 창업가들은 반대로 행동한다. 요즘 뜨는 아이템을 먼저 선택하고 그다음에 좋은 상권을 선별한다. 이는 틀린 방법이다. 거꾸로 어떤 특정 상권에서 무엇이 부족한지를 찾는 것이 더 쉽고 정확한 방법이다. 좋은 상권에 비싼 권리금을 주고 들어갈 생각보다는 특정 지역에 부족한 것이 무엇인지 생각해 보라.

나는 기업가 정신은 곧 벤처 정신이라고 생각한다. 혁신적인 아이템과 서비스로 새로운 고객을 창출하는 데에는 실패 가능성을 무릅쓰고 새로운 시장에 과감하게 도전하는 용기가 필요하기 때문이다.

반면, 자기만의 정체성 없이 카피된 브랜드는 결국 가격으로 승부를 보려고 한다. 판매 아이템이 비슷하면 가격으로 경쟁하는 수밖에 없다. 더 많은 고객을 유치하기 위해서 상품을 '더 많이' 혹은 '더 저렴하게' 내놓으며 가격 경쟁이 시작된다. 결국 함께 망하는 길로 접어들게 된다. 외식업에 기업가 정신이 필요한 이유다.

이미 같은 업종이 많은 상권에 뛰어들거나 인기 있는 음식을 뜨는 상권에서 판매하는 것은 기존의 수요를 나눠 먹는 제로섬 게임이다. 사업을 성공으로 이끌고 싶다면 거꾸로 생각해야 한다.

지금도 마찬가지지만 생활맥주를 론칭할 당시에는 대부

분의 맥주 주점이 카스, 하이트 등 똑같은 맥주를 팔면서 안주 경쟁과 가격 경쟁을 치열하게 벌이고 있었는데, 나는 주류 전문성이 결여된 주점 브랜드는 경쟁에서 자유로울 수 없다고 판단했다. 그래서 전국의 양조장과 협업해 다양한 수제 맥주를 기획해 선보이며 선순환하면서 발전하는 맥주 생태계를 구상했다. 만약 내가 '수제 맥주니까 비싸게 팔아서 이윤을 높여야지' 혹은 '수제 맥주는 프리미엄 맥주니까 세련된 안주와 함께 팔아서 단가를 높여야지', '수제 맥주를 즐기는 사람이 많은 홍대나 이태원, 성수처럼 힙한 동네에서 오픈해야지'라는 마음으로 사업을 시작했다면 생활맥주는 지금 사라지고 없을 것이다.

다시 얘기하지만, 기업가 정신이란 거창한 것이 아니다. 사업은 고객의 입장에서 '이 가게가 이 동네에 정말 필요할까?'라는 질문에서부터 시작되어야 한다. 사업은 사람들을 이롭게 할 때 성공할 수 있다.

외식 창업가에게
요리 실력보다 중요한 자질

요리를 못하는 사람도 외식 브랜드를 창업하는 것은 얼마든지 가능하다. 스타 셰프가 나오는 방송을 보며 '요리를 잘하는 셰프가 있어야 음식점이 성공한다'고 생각하는 사람이 많지만, 내 생각은 다르다. 외식 브랜드로 성공하기 위해서는 요리 잘하는 셰프보다 기획자가 더 중요하다. 새로운 콘셉트의 외식 브랜드를 창업하기 위해서는 음식의 맛을 구현하는 것만큼이나 음식점 전반을 기획하는 것이 훨씬 중요하기 때문이다.

실제로 성공한 셰프들을 보면 하나같이 기획력이 탁월하다. 셰프에게 가장 중요한 재능은 음식을 만드는 기술이 아니라 창의력인 것이다. 음식점 창업을 위해 요리 학교를 나올 필요는 없다. 창업가는 기획을 하고 그것을 실행할 셰프와 직원을 고용하면 된다.

나도 요리 전문가가 아니다. 맥주 사업을 하지만 맥주 전문가도 아니었다. 사업 초기에 야심 차게 맥주를 직접 만들어 본 적도 있었지만, 맛이 별로여서 빠르게 포기했다. 나는 기획자이다. (주)데일리비어에는 최고 수준의 음식 전문가와 맥주 전문가가 모여 있다. 그 훌륭한 직원들이 나의 기획에 따라 움직인다. 기획자가 모든 실무를 직접 할 필요는 없다. 안목만 있으면 된다. 셰프가 연주자라면 기획자는 지휘자에 가깝다. 지휘자가 연주자보다 연주를 더 잘할 필요는 없다. 좋은 연주자를 채용할 수 있는 안목과 연주자가 더 좋은 연주를 구현할 수 있도록 리드하는 능력이 필요한 것이다.

음식점의 지휘자인 사장은 운영의 A to Z, 모든 것을 알아야 한다. 직접 요리를 하지 않더라도 주방 업무를 파악하고 통제할 수 있어야 한다. 어떤 직원과 일을 해도 동일한 맛을 구현해 낼 수 있도록 조리 과정을 매뉴얼화하고 시스템화하는 능력이 필요하다. 또한, 재료 수급부터 재고 관리, 음식의 조리 방법, 주방 내 동선, 인테리어, 디자인, 위생 관리, 고객 서비스와 마케팅, 물류와 세금 등 가게 운영에 필요한 모든 것을 알아야 한다.

생활맥주처럼 수제 맥주를 판매하는 경우에는 맥주를 관리하는 법까지 사장이 정확히 알아야 음식점을 안정적으로 운영할 수 있다. 사장이 주방 업무를 전혀 모른다면, 또는 홀 업무를 전혀 모른다면 직원의 공백이 사업 위기로 이어질 수밖에 없다.

사업의 키를 창업가가 갖는 것이 매우 중요하다. 많은 창업가들이 오픈 초기에는 지인에게 외식업 분야의 유경험자를 소개받아 음식점을 시작한다. 자신이 잘 모르거나 잘 못하는 부분을 직원을 통해 해결하고자 하는 것이다. 심지어 지인 셰프와 함께 동업을 하고자 하는 창업가도 많다.

하지만 직원에게 의지해 외식 사업을 운영하는 것은 시한폭탄을 안고 사업하는 것과 같다. 외식업의 사장은 주방 직원이 갑자기 출근할 수 없게 되면 사장이 그 일을 대신할 수 있어야 한다. 조직의 구조가 탄탄해지고 영업장이 시스템화되어서 직원의 이직에도 흔들리지 않는 조직이 되기 전까지는 사장이 매장의 모든 일을 컨트롤할 수 있어야 한다. 주방 직원이 갑자기 나오지 못하게 되어도 사장이 직접 재료를 수급하고 기존의 조리법대로 요리를 해서 빈자리를 티 나지 않게 메꿀 수 있어야 한다. 사장이 맥주를 따르고 관리하는 법을 알면 홀 서빙 직원이 갑자기 그만둬도 큰 타격이 없다.

'사장이 매장 운영의 모든 것을 알아야 한다'는 외식업의 성공 원칙이 너무 당연하게 느껴지겠지만, 의외로 예상치 못한 결원에 대한 대비도 없이 사업을 시작하는 사장들을 많이 보게 된다. 이 경우, 아르바이트 스태프가 하루라도 출근을 못하게 되면 사업은 곧바로 위기에 직면할 수 있다. 이 때문에 사장이 모든 것을 알지 못한다면 음식점을 시작해서는 안 된다.

그런데 사업 경험이 없는 사장이라면 음식점 운영의 모든 것을 알 수가 없다. 그래서 나는 창업 멘토링을 하면서 만나는 모든 예비 창업가에게 "음식점을 오픈할 계획이라면 음식점 아르바이트를 시작하세요!"라고 당부한다.

현장에서 몸으로 부딪히며 익히는 사업 노하우가 진짜다. 홀 서빙도 경험해보고, 주방 설거지를 하면서 주방 동선도 익히고, 카운터에서 포스기도 직접 사용해 봐야 내 가게를 운영할 때 당황하지 않는다. 손님으로서 음식점의 홀과 오픈 키친 주방을 세심하게 관찰하며 눈으로 익히는 것과 내 몸으로 직접 경험해보는 것은 차원이 다르다.

하루 종일 카운터에 서서 계산만 해봐도 그 일이 얼마나 어려운 일인지 알게 된다. 영업 시작부터 마감까지 긴 시간 서 있는 것 자체가 매우 힘든 일이기 때문이다. 나 역시 사업을 처음 시작했을 때만 해도 '이렇게 다리가 아파서 내일은 일을 제대로 할 수 있을까?' 고민하면서 하루하루 버텼는데, 신기하게도 일주일 만에 하루 종일 서서 일할 수 있는 몸이 되었다.

계산도 쉬운 일은 아니다. 당시엔 포스기가 없어서 계산기로 계산을 해야 했는데, 경험이 없으면 그것도 버벅거리게 된다. 포스기를 처음 사용하는 사람은 프린터 종이 용지를 교체하는 일에도 당황하게 된다. 맥주의 탄산통을 교체하는 일도 초보자에겐 겁나고 버거운 업무다. 이처럼 매장 일을 실제로 경험하다 보면 매우 쉬워 보이는 일도 생각만큼 쉽지 않다는 것을 깨닫게 된다. 창업 전 충분히 직접 경험해보는 것은 실패를 줄이는 아주 좋은 방법이다.

접객 멘트는
공부해서 배우는 것이 아니다

수많은 외식업 중 '단골 만들기 쉬운 외식 업종'을 단 하나만 선택해야 한다면, 나는 단연 '맥주 주점'을 고를 것이다. 소줏집은 테이블당 주문하는 횟수가 많아야 3~4번이다. 술을 통해 사장이 손님과 소통할 수 있는 기회도 많아야 3~4번이 된다는 의미다. 하지만 맥주는 다르다. 맥주는 잔을 비울 때마다 개인이 한 잔씩 개별 주문을 하므로 테이블당 적게는 두세 잔, 많게는 열 잔이 넘는 맥주를 주문한다. 손님이 맥주를 주문할 때마다 사장은 손님과 자연스럽게 대화할 기회가 생기는 것이다.

또한 맥주는 흥을 돋우는 술이다. 편한 친구, 동료, 선후배와 모여 왁자지껄 떠들면서 마시는 술이기 때문에 대부분의 손님은 즐겁게 술을 마신다. 흥이 오른 손님은 매장 내에서 겪는 작은 불편함 정도는 웃으며 넘길 수 있는 기분 상태가 되는 것이다. 대체로 즐거운 경험을 한 곳은 다시 찾게 마련이다. 내가 생활맥주라는 브랜드를 론칭하게 된 것도 이런 맥주 사업의 매력에 빠졌기 때문이다.

물론 맥줏집이라고 해서 무조건 영업이 잘되는 것은 아니다. 어떤 사업이고 마찬가지겠지만 사장과 손님의 소통이 중요하다. 맥주는 손님과의 대화에 물꼬를 터주는 매개가 되어줄 뿐 손님에게 다가서는 것은 전적으로 사장의 몫이다. 열 번의 기회가 주어져도 손님에게 데면데면하게 맥주만 건넨다면 열 번의 기회가 오히려 독이 될 수도 있다.

"저희 매장은 처음이신가요? 저희는 이러이러한 음식점이에요", "평소 어떤 맥주를 좋아하세요? 그럼 이 맥주를 추천드려요", "전에 이 맥주를 드셨으니까 이번엔 이 맥주도 한 번 드셔보세요", "이 맥주가 새로 들어왔는데 시음 한번 해보시겠어요?" 등 손님과 나눌 수 있는 얘기는 무궁무진하다. 모든 접객 멘트를 멋지게 해낼 필요는 없다. "방금 드신 맥주는 어떠셨어요?"라고 질문을 던지는 것만으로도 충분하다. 접객 멘트는 공부하고 배우는 것이 아니다. 손님에게 적극적으로 다가가는 마음가짐만 있다면, 어떤 상황에서도 단골 고객을 만들 수 있다.

또한, 동네 음식점은 인사와 대화로 대부분의 문제를 해결할 수 있다. 심지어 맛없는 음식조차도 메뉴에 담긴 스토리, 재료와 조리 과정 그리고 음식의 특성과 취지를 제대로 설명하면 고객을 팬으로 만들 수 있다. 고객에게 "음식이 담백한 건 좋은데 간이 너무 심심하다"는 피드백을 받았다면, 음식의 특성을 설명하고 이해를 구하면 된다. "우리 매장은 건강을 위해 나트륨을 최소화하고 있어요. 설탕은 아예 쓰지 않아요"라고 설명하면, '여기 음식은 간이 맞지 않아서 맛이 없다'고 생각했던 고객도 생각이 달라질 수 있다. 그런데 아무런 설명 없이 음식을 서비스했다면, 소비자는 이 음식점을 '맛없는 음식점'으로 기억하게 될 것이다.

생활맥주에서도 비슷한 일이 있었다. 신맛이 나는 독특한 스타일의 맥주인 사우어 에일Sour Ale을 생활맥주 일부 매장에서 선보였는데, 사우어 에일은 호불호가 강하고 대중적이지 않은 맥주였다. 하지만 이 맥주를 좋아하는 소수의 소비자가 있었고, 새로운 맥주를 탐험하는 것을 좋아하는 맥주 마니아들에게도 좋은 경험이 될 것이라 믿고 사우어 에일을 판매했다. 그러던 어느 날, "상한 맥주를 팔고 있다"는 손님의 신고를 받고 경찰이 매장에 출동한 일이 있었다. 당시 아르바이트 스태프가 접객을 했는데, 손님에게 맥주에 대한 설명을 충분히 전하지 못해서 생긴 소동이었다. 만약 손님이 사우어 에일을 주문할 때, 사우어 에일의 특징에 대해 소개하고 왜 신맛이 나는지에 대해 제대로 설명했다면 이런 소동은 없었을 것이다. 맥주에 대한 설명을 온전히 들었다면, 손님의 반응은 둘 중 하나였을 것이다. 사우어 에일을 주문하지 않거나 혹은 이 특이한 맥주를 마셔본 경험을 주변에 홍보하거나.

무엇보다 인사의 힘은 실로 강력하다. 인사만 잘해도 음식점은 망하지 않는다. 인사조차도 안 하는 매장들이 너무 많기 때문이다. 사장이 활짝 웃으며 "치킨은 입맛에 맞으세요?"라고 물으면 대부분의 손님은 "맛있어요"라고 답한다. 맛이 있고 없고의 문제는 중요하지 않다. 손님과의 소통이 중요한 것이다. 그런 시시껄렁하게 들리는 대화라도 매일매일 이어가다 보면 어느새 손님과 스스럼없는 사이가 된다. 또한, 자연스럽게 하루하루 단골손님이 늘어가게 된다.

음식점을 시작하면 블로그 체험단 마케팅, 인스타그램 인플루언서 마케팅 같은 홍보 활동이 기본이라고 생각하는데, 주택 상권에 자리 잡고 동네 주민들을 메인 타깃으로 맥줏집을 차렸다면 마케팅보다 동네 주민들과 소통하는 게 먼저다. 동네 음식점은 동네 인심을 얻지 못하고는 성공할 수 없기 때문이다.

동네 주민들은 길을 오가며 새롭게 오픈한 가게에 관심을 갖고 지켜보게 되는데, 이때 사장이 "안녕하세요?"라고 인사만 건네도 마음속으로 '언젠가 저 집에 한번 가봐야겠다'라고 생각하게 된다. 생활맥주 1호점이 여의도 진주 상가 주택 상권에서 빠르게 자리 잡은 비결도 지나가는 행인에게 '먼저 인사하기'를 생활화했기 때문이다. 손님에게만 인사하는 것이 아니라 눈이 마주치는 동네 주민들 모두에게 먼저 인사를 건넸다. 당시 생활맥주 1호점은 주방을 오픈키친으로 해서 창 쪽으로 두고, 창문을 열면 안에서도 밖이 보이는 구조였다. 지금은 구조를 바꾸어서 주방 위치가 예전과 다르지만, 당시 나는 주방에서 음식을 하다가도 모르는 행인이 지나가면 "안녕하세요?"라고 인사를 건넸다. 오픈을 준비하면서 가게 앞을 청소할 때도 동네 주민이 지나가면 "안녕하세요?"라고 또 인사를 건넸다. 그렇게 인사를 주고받은 많은 주민들이 저녁에 생활맥주를 다시 찾아주었다. 지금도 생활맥주에서는 "어서오세요!"가 아니라 "안녕하세요?"라고 인사하도록 교육하고 있다. 손님이 들어오도록 유인하는 호객용 인사가 아니라 같은 동네 주민으로서 친밀감을 형성하는 것이다. 이 인사만으로도 큰돈 들여 전단지를 뿌리는 것보다 10배는 좋은 성과를 낼 수 있을 것이다.

첫인상도 중요하지만 두 번째 인상도 중요하다. 아니, 어쩌면 외식업에서는 두 번째 인상이 더 중요하다. 첫인상은 빠르게 잊히지만, 두 번 반복된 좋은 인상은 머릿속에 오래 간다. "그제는 잘 들어가셨어요?", "그날 속은 괜찮으셨어요?", "주량 엄청나시던데요!" 등의 가벼운 인사는 한층 깊은 관계를 형성한다. 손님도 웃으며 응답하게 되고 자연스럽게 단골이 되는 것이다.

사장은 내 가게를 다시 찾아준 손님을 기억하고 있다는 사실을 반드시 알려야 한다. 말로 하기 힘들다면 눈인사로라도 알아봤다는 신호를 줘야 한다. 사장이 손님을 기억하지 못하는 것은 전날 함께 술을 마시면서 말 트기로 약속하고서 다음 날 "처음 뵙겠습니다"라고 인사하는 것과 비슷하다.

그리고 첫날보다 더 근사한 서비스를 제공해야 한다. 적어도 첫날의 즐거운 기억을 지우고 싶을 정도로 실망스러운 서비스를 제공해서는 안 된다. 다시 찾아간 가게에서 이전만 못한 서비스를 받고 실망하게 되는 경우가 있다. 사장님은 피곤에 절어 인사도 하는 둥 마는 둥 "여기 앉으세요"라고 테이블로 안내하고는 다른 테이블을 향해 쏜살같이 사라진다면, 똑같은 음식도 왠지 성의 없고 변했다고 느껴진다. 사장이 변했다, 음식 맛이 변했다며 등을 돌리는 일은 외식업에서 매우 흔한 일이다. 심지어 바뀐 것이 아무것도 없다고 해도 말이다.

심지어 첫날 경험한 즐거운 기억조차 재가공하게 된다. '원래 이런 맛이었나? 그날 내가 술기운에 맛있게 느꼈던 건가?'라고 말이다. 사실 영업이 잘되면 잘될수록 사장은 서비스 관리에 소홀해지기 쉽다. 손님이 많아지면 그만큼 일이 많아지고 사장은 피로가 누적된다. 영업이 잘되는 날이 계속되면 테이블 회전이 빨라지면서 음식의 완성도를 유지하는 데에도 문제가 생긴다.

진짜 문제는 사업이 잘될수록 사장이 손님을 예전처럼 귀하게 여기지 않는 경우다. 사장은 육체적 피로가 쌓이면서 정신적으로도 피폐해지는 데다가 손님에 대한 간절함도 예전 같지 않다. 그러다 보면 눈앞의 손님에게 예전만큼 정성을 들이지 않는다. 홀 안의 테이블 여기저기서 사장을 부르니 이리저리 뛰어다니면서 손님과 눈 마주치기를 포기하는 경우가 생긴다. 바로 이때, 첫 방문에서 즐거운 경험을 했던 손님이 '장사가 잘되니 사장이 변했네'라고 실망감을 느끼게 되는 것이다.

외식업은 일회일비해서는 안 된다. 외식 사업을 오래 지속하려면 새로운 손님을 끌어들이는 것보다 한 번 온 손님을 다시 오게 하는 것이 더 중요하다. 특히 동네 음식점에서는 더욱 그렇다. 손님이 가게로 들어올 때보다 가게에서 돌아갈 때 더 친절하게 인사해야 한다. 그리고 첫 번째 방문 시보다 두 번째 방문 시에 더 반갑게 인사해야 한다. 이것만 지켜도 단골손님이 순식간에 늘어난다. 단골은 계속 친구와 지인을 데리고 오면서 단골의 수를 불려줄 테니까.

창업 첫날에 성공 DNA를
심지 못하면 그 가게는 망한다

20년간 외식업에 몸담고 있다 보니 창업 첫날에 사장의 움직임만 봐도 '아, 이 가게는 잘되겠구나' 혹은 '사장님이 빨리 바뀌지 않으면 힘들겠다'라는 촉이 온다. 영업 1일 차에 사장이 어떤 마음가짐을 갖고 손님을 대하느냐에 따라 가게의 성패가 갈리기 때문이다.

지난 20년간 수백 개의 매장을 오픈했는데, 오픈 첫날에 사장이 쭈뼛쭈뼛하면서 손님에게 다가가지 못하면, 그 가게는 대체로 오래가지 못했다. 반면, 사장이 첫날부터 손님과 적극적으로 소통하며 직원들에게 활기를 불어넣는 가게는 대체로 성공했다. 당연하다. 동네 음식점은 단골 장사인데,

손님에게 다가가지 못하는 사장이 운영하는 가게가 잘될 리가 없다.

그런데 누구나 아는 사실이라도 몸으로 행하는 것은 생각만큼 쉽지 않다. 혹자는 '첫날이니까 사장도 쑥스러워서 그렇겠지. 장사를 하다 보면 접객도 익숙해지고 차차 나아지는 거 아닌가?'라고 생각할 수도 있지만, 천만의 말씀이다. 오픈 첫날을 놓치면 그다음부터는 손님과 소통하기가 더 어려워진다. 그래서 나는 가맹점 사장이나 가맹점을 관리하는 슈퍼바이저에게 '가게를 오픈하는 첫날이 가장 중요하다'고 강조한다.

대부분의 자영업자들은 음식점을 처음 해보는 사람들이다. 특히 평생 회사에서 데스킹 업무를 하다가 음식점을 창업한 자영업자들은 아무래도 접객에 서투르다. 손님과 눈을 마주치는 것이 어색해서 기어들어가는 목소리로 간신히 인사를 하고 주방으로 숨어드는 경우도 허다하다.

홀은 서빙하는 아르바이트 스태프에게 맡겨두고 '아르바이트 직원이 친절하게 해주겠지. 그런 일 하라고 뽑은 직원들이니까'라고 기대한다. 이런 가게는 잘되기가 어렵다. 사장도 못하는 일을 직원이 알아서 척척 해주는 경우는 흔하지 않다.

그래서 나는 손님에게 다가가지 못하는 가맹점주에게 "지금 손님에게 가서서 인사를 안 하시면 이 가게는 망할 거예요"라고 엄포를 놓는다. 창업하는 날에 '성공 DNA'를 심어야만 사업에 성공할 수 있기 때문이다. 성공 DNA는 특별한 것이 아니다. 콘셉추얼한 인테리어, 감각적인 조명, 맛있는 음식처럼 눈에 보이는 것이 아니다. 성공 DNA는 바로 손님에게 진정성 있게 다가가는 사장의 마음가짐이다. 첫날에 이식된 DNA는 직원이 바뀌어도 이어지게 마련이다. 그 매장 고유의 문화가 만들어지는 것이다.

음식점을 처음 해보는 사람이 오픈 첫날에 손님을 스스럼없이 대하는 것이 얼마나 어려운지는 나도 잘 안다. 손님들에게 큰 목소리로 인사하는 것이 창피해서 주방으로 숨어든 사장님의 사례는 바로 나의 이야기다. 나도 처음 음식점을 창업했을 때 외식업 경험이 없다 보니 모든 것이 서툴렀다. 특히 손님에게 다가서는 것이 무척 어려웠다. 오픈 첫날에 접객에 실패하니 다음 날도, 그다음 날도 손님에게 다가설 엄두가 나지 않았다. 그러다 보니 직원들도 나처럼 행동했다. 손님이 들어와도 인사를 하는 둥 마는 둥 했다.

그런데도 나는 직원들에게 "손님이 오시면 큰 목소리로 인사합시다!"라고 서비스 교육을 하지 못했다. 직원들이 속으로 '사장님도 인사 제대로 안 하면서!'라고 욕할 것 같았다. '금방 익숙해지겠지'라고 생각했지만, 큰 오산이었다. 내가 손님에게 제대로 인사를 하기까지 수개월이 걸렸다.

음식점을 처음 시작했을 때, 나는 사장이 계산만 잘하면 되는 줄 알았다. 그래서 첫 가게를 오픈하기 전날에 계산기를 빠르게 두드리는 연습을 했다. 당시에는 매장 내 모든 주문과 결제를 관리해 주는 포스기가 없었기 때문에 음식값을 빠르게 합산하는 것만도 쉽지 않았다. 복잡한 주문이라도 들어오면 정신이 하나도 없었다.

오픈 첫날에는 매장에서 두 테이블이 동시에 나가는 것만으로도 패닉이 왔다. '계산을 빠르게 완료하는 것', 이 아무것도 아닌 일이 그때 나에게는 너무 벅찼다. 한마디로 외식업을 시작할 준비가 안 되어 있었다. 결국 나는 사업의 대부분을 셰프와 아르바이트 스태프에게 맡기고, 가게 밖으로 나가는 시간이 많아졌다. 접객을 제대로 하지 않으니 음식점 사업에 재미를 못 느꼈던 것이다. 그렇게 직원에게 의존하며 운영하는 동안, 직원들은 영업이 끝나면 셔터를 내린 후 매장에서 술을 마시며 가게의 재고를 탕진하는 것도 모자라 몰래 친구들을 불러 술파티까지 여는 일도 생겼다.

나는 '크게 잘못됐다'는 것을 느꼈지만 바로잡기가 어려웠다. 잘못된 DNA가 자리 잡은 매장을 바로잡는 일은 좀처럼 쉽지 않았다. 점장과 아르바이트 스태프를 순차적으로 바꾸며 가게를 쇄신해 보려고 노력했지만, 계획대로 되지 않았다. 이미 잘못된 DNA가 자리 잡은 직원들은 새로 고용한 직원에게 안 좋은 습관을 물려주고 있었다.

그렇다고 가게의 모든 스태프를 한 번에 바꿀 수도 없었다. 나 혼자서 가게를 운영할 수가 없었기 때문이다. 창업할 때 사장이 성공 DNA를 직원 모두에게 이식시키는 작업이 중요한 것은 이 때문이다. 처음에 잘못 이식된 실패 DNA는 직원을 타고 폐업까지 이어진다. 나의 첫 외식업은 성공적이지 못했다. 오픈 초기에 성공 DNA를 심지 못했고, 결국 매각을 결정했다.

두 번째 사업을 시작했을 때에는 첫날부터 접객을 직원에게 맡기지 않고 솔선수범했다. 손님을 테이블로 안내하고, 손님이 부르면 직원보다 먼저 달려갔다. 손님이 메뉴에 대해 물으면 신이 나서 메뉴를 추천하고, 손님과의 대화에 흥이 오르면 작은 안주라도 서비스하면서 단골을 만들었다. 접객이 익숙해지니 재미를 느끼게 되었다. 내 가게를 좋아해 주는 손님과의 대화는 진심으로 즐거웠다.

음식점으로 성공하려면 사장이 나서서 직접 고객을 맞이

해야 한다. 처음 보는 손님에게 인사하기가 쑥스러워도 눈을 질끈 감고, 이를 악물고, 창피한 마음을 물리치고, 손님에게 마음을 활짝 열고 다가가야 한다.

막상 손님과 대화하면 접객이 얼마나 즐거운 일인지 깨닫게 된다. 접객의 재미를 깨달아야만 외식 사업에 성공할 수 있다. 개인마다 말투도, 접객의 방식도 다르겠지만 손님에게 다가간다는 것이 매우 중요하다. 사장이 접객에 적극적이면 직원들도 접객에 성실히 임하게 된다. 사장이 접객의 기쁨을 깨닫는 순간, 비로소 가게에 성공 DNA가 깊숙이 뿌리박힌다.

가짜 전문가만 피해도
실패는 면한다

사업을 시작할 때 누구나 그럴싸한 계획을 세우지만, 막상 사업을 시작해 보면 계획했던 대로 되지 않는 경우가 대부분이다. 모든 경우의 수를 고려해 사업 계획을 촘촘히 짰다고 생각했는데, 막상 사업을 시작하니 전혀 생각지도 못한 돌발 변수가 계속 생기는 것이다.

왜 그럴까? 사업이 난항을 겪는 이유는 저마다 다양하겠지만, 사업 계획에 문제가 있는 경우가 많다. 그리고 사업 계획이 잘못된 경우는 대부분 창업가가 가짜 전문가를 만나서 함께 사업 계획을 세웠을 때 생긴다. 외식 업계의 현황과 동향을 잘 모르는 업계 관련자나 실제로 가게 운영을 해본 적이 없는 가짜 전문가들이 머리를 모아봤자 사업 계획을 성공적으로 완성하는 데는 한계가 있기 때문이다.

초보 사업가들은 사업을 시작하기 전에 스스로를 믿지 못한 나머지 주변에 조언을 구하는 경우가 많다. 사업 경험이 없는 친구에게 사업에 대해 묻거나 가족에게 "이 사업을 시작하면 성공할 수 있을 것 같아?"라고 묻는다. 사업가가 아니더라도 소비자로서 객관적으로 판단할 수 있을 것이라고 생각하면서 조언을 청하는 것이다. 그런데 사업에 대해 잘 모르는 이에게 질문을 하면 대체로 틀린 답이 돌아오게 마련이다. 부자가 되길 바라면서 부자가 아닌 사람에게 조언을 듣는 것도 이와 마찬가지다. 더 큰 문제는 창업가가 가짜 전문가의 말에 마음이 흔들리는 것이다.

진정한 멘토를 찾아 나서지 않고 주변 사람들에게 사업의 조언을 듣는 창업가의 안이한 마음이 사업을 실패로 이끈다. 인생을 걸고 시작하는 사업인데 쉽게 조언을 구할 수 있는 사람의 이야기만 듣고 사업 계획을 결정하거나 수정하는 오류를 범하는 것이다. 비전문가의 잘못된 조언은 사업을 실패로 이끌 수도 있다는 것을 항상 기억해야 한다.

아무리 책을 많이 읽고 유튜브를 많이 봐도 마찬가지다. 나는 서점에서 책을 살 때에도 저자의 이력을 꼼꼼히 살핀다. 주식, 부자학, 리더십, 마케팅, 부동산 등 해당 분야의 전문가라는 타이틀을 내걸고 책을 내는 저자 중에도 가짜 전문가가 부지기수이기 때문이다.

흔한 예로, 부자가 되는 법을 알려주는 책을 정작 부자가 아닌 사람이 쓴 경우도 흔하다. 야구를 해본 적이 없는 해설가가 야구로 우승하는 법을 알려주는 것과 같다. 부자가 되고 싶다면 경제평론가의 책이 아닌 부자의 책을 읽어야 한다. 마찬가지로 사업에 성공하고 싶다면 성공한 사업가의 책을 읽어야 한다.

유튜브도 마찬가지다. 외식 사업을 해본 적이 없는 유튜버가 알려주는 '잘되는 외식업의 비결', 사업을 해본 적이 없는 유튜버가 알려주는 '사업의 성공 비결'은 실제와 거리가 있다. 사업을 생각만 해본 사람과 직접 실행해 본 사람의 조언은 천지차이다.

프랜차이즈 업계에도 가짜 전문가들이 넘쳐난다. 실제로 수많은 프랜차이즈 본사가 직영점을 통해 수익을 내 본 경험도 없이 가맹 사업을 전개하고 있다. 직영점이 하나뿐인 프랜차이즈 본사도 많다. 돈을 잘 벌 수 있다고 홍보하지만, 정작 그 사업으로 수익을 내본 경험이 없는 채로 가맹 사업을 진행하는 것이다. 이럴 경우, 대부분의 시행착오는 가맹점주의 몫이 되고, 이로 인한 폐해는 수없이 많다. 이에 대한 해결책으로 정부는 2021년에 "1년 이상 1개 이상의 직영점을 운영해야 가맹 사업을 할 수 있다"는 내용으로 프랜차이즈 가맹 사업법을 개정하여 시행했다. 하지만 이 역시 여러 가지 방법으로 법망을 피해가는 프랜차이즈 브랜드가 많다. 여전히 가짜 전문가들이 많다는 얘기다.

'성공 경험'이 있는 진짜 전문가의 조언이 아니면 실전에서는 도움이 안 될 때가 많다. 가짜 전문가의 의견은 실제와 매우 다를 확률이 크다. 생활맥주 1호점의 입지를 결정할 때, 여의도 증권회사에 다니던 친구가 "여의도는 내가 빠삭하게 잘 알지"라며 조언을 해준 적이 있다. 그 친구는 생활맥주 1호점을 여의도에 내는 것에 결사반대했다. "여의도는 엄청 보수적인 상권이야. 수제 맥줏집은 잘되기가 어려울 것 같은데!", "여의도는 주말에 개미 새끼 한 마리도 없어. 주중에만 장사해도 이익이 날까?", "여의도 진주상가는 주택 상권이잖아. 여의도 금융맨들이 거기까지는 절대 안 가" 등 반대 이유도 다양했다.

하지만 당시 외식 사업 10년 차였던 나는 친구의 의견에 크게 흔들리지 않았다. 보수적인 상권인 여의도에서 생활맥주가 빛이 날 거라는 확신이 있었기 때문이었다. 결과적으로, 생활맥주 1호점은 오픈한 지 얼마 되지 않아 주말에도 손님이 북적거리는 여의도에서 가장 사랑받는 맥줏집으로 성장했다.

　사업을 기획하고 실행하면서 전문가에게 조언을 받고 싶다면, '진짜 전문가'를 만나야 한다. 창업가에게 도움이 되는 '진짜 전문가'를 정의하자면, 창업가가 실행하려는 비즈니스 모델로 성공한 경험이 있는 사람이다. 다음 두 가지 조건을 모두 충족시켜야 한다. '같은 비즈니스 모델로 사업을 운영해 본 경험이 있는가?', '그 모델로 성공했는가?' 하는 것이다. 주식으로 돈을 벌고 싶다면 단순히 주식을 많이 해본 사람이 아니라 주식으로 큰돈을 벌어본 사람을 만나서 조언을 들어야 성공 확률이 높아진다.

　외식 프랜차이즈 사업으로 성공하고 싶다면 음식점 하나를 성공한 사람이 아니라 외식 프랜차이즈 사업으로 성공한 사람에게 상세한 경험담을 들어야 한다. 같은 업계에서 멘토를 찾는 일은 매우 중요하다. 멘토를 정확히 규정하지 않으면 가짜 전문가에게 잘못된 정보를 얻게 된다.

　그런데 많은 이들이 묻는다. "성공한 멘토를 어디서 만나야 하나요?" 혹은 "바쁜 사업가가 시간을 내어 나를 만나줄

까요? 무턱대고 회사 앞으로 찾아가서 만나달라고 할 수는 없잖아요!"라고 말이다. 일리가 있는 말이다. 하지만 내가 아는 많은 사업가들은 조언을 구하는 사람들에게 관대하다. 자신의 노하우를 감추기보다 필요로 하는 사람에게 알려주고 싶어하는 사업가가 훨씬 많다. 나 또한 마찬가지다. 초보 사업가에게는 간절함이 무기다. 멘토로 삼고 싶은 사업가가 있다면, 용기 내어 연락해 보기를 권한다. 생각보다 쉽게 조언을 구할 수 있다는 사실에 놀라게 될 것이다. 반면, 간절하고 절실하지 않으면 아무것도 얻을 수 없다.

생활맥주가 유명해지면서 나에게도 연락을 해오는 사업가들이 꽤 많다. "프랜차이즈 사업에 대해 얘기를 나누고 싶다"는 것이다. 그런 전화를 받을 때마다 나는 '이런 정도의 열정과 적극성을 가진 사람이라면 어떤 사업을 해도 성공하겠구나'라는 생각이 든다. 절실한 마음으로 도움을 요청하는 사업가에게 S.O.S 구조 요청을 받으면 바빠도 시간을 쪼개어 만남에 응하게 된다. 때로 1:1 만남이 어려울 때는 여러 창업가들과 모임을 갖고 창업 멘토링을 하기도 한다. 내가 말하는 것이 정답이라고 할 수는 없지만, 내 경험담을 하나라도 더 말해주고 싶은 마음이 저절로 생긴다.

멘토에게 직접적으로 닿을 방법을 찾지 못했다면 강연을

통해 만나는 방법도 있다. 베스트셀러《돈의 속성》의 저자 김승호 회장은 책을 출간한 후에 여러 차례 사장을 위한 세미나를 열어 강연 및 Q&A를 진행했고, 한국 사장 학교를 통해 '기초 사장학 수업'을 진행하고 있다. '배달의 민족'에서는 '배민 아카데미'를 통해 '사장님 특강'을 진행한다. 이 프로그램을 통해 줄 서는 식당 몽탄을 비롯해 산청숯불가든, 청기와타운, 양인환대를 기획한 바비정 대표, 베이커리 카페 라라브레드의 강호동 대표 등 성공한 사업가들이 강연한 바있다.

생활맥주도 매월 창업 멘토링을 여는데, 내가 직접 프랜차이즈 창업 관련 강연을 하고 Q&A를 진행한다. 요즘은 롱블랙이나 폴인 등 콘텐츠 플랫폼에서도 성공한 기업가들의 강연을 개최한다. 이 외에도 다양한 플랫폼에서 기획한 기업가 강연이 수도 없이 많을 것이다. 멘토를 만날 수 있는 방법을 찾는 게 막막하게 느껴지겠지만, 간절함과 정성만 있으면 결국 길을 찾을 수 있다.

"아는 만큼 보인다"는 명언은 사업에도 적용된다. 비즈니스에 실패한 사업가에게는 보이지 않아도 성공한 사업가에게는 보이는 필살의 사업 노하우가 분명히 있다. 이것이 진짜 전문가를 만나야 하는 이유다.

창업가의 목표는
'그 분야 최고'여야 한다

어떤 분야건 마찬가지겠지만, 사업을 하겠다고 마음먹었다면 '최고'가 되는 것을 목표로 해야 한다. 안타깝게도 대한민국에서는 '최고가 되겠다'는 각오로 사업을 시작하는 외식업 창업가가 드물어 보인다. 최근 론칭하는 외식 브랜드들을 보고 있으면, 대부분이 요즘 유행하는 아이템을 바탕으로 그럴싸한 맛을 만들어내고, 음식의 부족한 면을 마케팅으로 보완해서 대박을 낼 수 있다고 생각하는 것 같다. 음식의 외형 디테일에만 집중해 입소문 내기 좋은 음식, 소위 인스타그래머블한 메뉴를 만드는 데만 골몰하는 외식 창업가도 많다. 애초에 하나의 메뉴를 깊이 파고들어 최고의 음식을 만들어

낼 생각조차 하지 않는 것이다.

음식의 맛이 외식 브랜드의 성공을 보장하는 것은 아니지만, 그렇다고 음식을 대충 만들어서는 성공할 수 없다. 음식의 맛을 최고 수준으로 끌어올리는 과정은 외식 사업에 있어서 기본 중의 기본이다. 자극적인 맛을 몇 가지 조합해서 새로운 맛을 만들어내는 것만으로는 절대 최고가 될 수 없다. 메인 메뉴를 정했다면 깊이 파고들어 최고의 음식을 만들어내야 한다.

일본에 가면 작지만 수십 년을 이어온 음식점을 다수 볼 수 있다. 작은 음식점이라도 자신만의 고집스러운 철학을 기반으로 특정 음식을 깊이 연구하고, 이 과정을 거쳐 탄생한 메뉴는 수십 년 동안 대중에게 사랑받는다. 창업가의 스타일이 투영된 메뉴와 매장 운영 방식은 창업가를 추종하는 무리를 만들고 팬덤으로 확장된다. 작은 음식점 하나로 새로운 고객, 새로운 시장을 창출시키는 것이다.

이처럼 사업가라면 한 분야를 깊게 파고들어가 장인의 경지에 이르는 것을 목표로 해야 한다. 누구도 따라오지 못할 노하우를 쌓고, 해당 분야에서 최고가 되려는 의지가 있어야만 성공에 한 걸음 다가갈 수 있다.

물론, 음식을 최고로 잘하는 사람만이 외식업을 창업할

수 있는 것은 아니다. 나는 맥주 사업을 하면서도 맥주를 최고로 잘 만들 자신은 없었다. 하지만 생활맥주가 맥주 업계에서 최고가 되어야 한다는 생각만큼은 명확했다. '생활맥주에서 최고의 제품을 선보일 수 있는 방법이 무엇일까?'를 고민하다가 찾은 방법이 '맥주 플랫폼'이라는 비즈니스 모델을 구축하는 것이었다. 나보다 월등한 전문성을 가진 맥주 전문가들을 생활맥주라는 시장에 참여시켜 소비자에게 '최고의 맥주'를 선보이고, 맥주 전문가들이 서로 경쟁하면서 더 좋은 제품을 생산하게 되는 작은 시장 경제 시스템을 구축한 것이다. 시장 경제는 시장이 스스로 경쟁하며 발전하고 수요와 공급의 원칙에 따라 성장하는 선순환 경제다. 그 결과, 생활맥주는 주류의 다양성을 확보하게 되었고, 소비자에게 고품질의 맥주들을 소개할 수 있게 되었다. 생활맥주라는 맥주 플랫폼이 만들어지면서 제조사도 함께 성장할 수 있는 선순환 구조가 만들어졌다.

설사 '최고가 되겠다'는 목표를 달성하지 못했다고 해도, 최고가 되려는 마음가짐은 고객에게 그대로 전달된다. 사업가의 정성은 노력하지 않아도 눈에 띄게 되어 있다. 아예 매장에 직접 써놓는 것도 좋은 방법이다. "이 분야의 최고가 되겠습니다."

창업의 성공 여부는
폐업할 때 판가름 된다

'외식 사업으로 성공했다'는 의미는 어떻게 정의할 수 있을까? 줄 서는 대박집이 되면 성공했다고 얘기할 수 있을까? '그렇다'고 답하기엔 이르다. 외식업의 진정한 성공은 폐업할 때 판가름 되기 때문이다. 창업 후 손익분기점을 넘겨 사업에 투자한 비용을 모두 뽑고도 지속적으로 영업이 잘될 때, 비로소 '사업이 잘된다'고 말할 수 있다. 그리고 가게를 폐업하면서 다른 사업자에게 제값의 권리금을 받고 팔 수 있을 때 비로소 '음식점으로 성공했다'고 할 수 있을 것이다.

음식점의 평균 수명은 그리 길지 않다. 오픈 후 2~3년쯤

지나면 신규 고객은 줄어든다. 고객은 늘 새로운 외식 트렌드를 탐하고, 단골집을 찾는 횟수는 점차 줄어든다. 해를 거듭할수록 가게 매출과 마진이 줄어들고 월세와 인건비, 원가는 올라간다. 결국 수익률이 떨어지는 것이다. '내 가게가 수명을 다해가고 있구나'라는 사실을 깨닫고 '매장을 팔아야겠다'고 마음먹었을 때는 이미 매매 타이밍이 늦은 경우가 많다. 손님이 줄어든 가게를 권리금을 주고 사는 사업가는 없기 때문이다. 투자 원금은커녕 권리금도 못 받고 폐업했다면 막대한 투자금을 날린 것은 물론 소중한 기회비용까지 날아간 셈이다. 이런 예는 주변에 얼마든지 있는 흔한 사례다.

내가 지불한 권리금도 받지 못하고 가게를 팔 수도 없어서 이러지도 저러지도 못한 채로 울상 짓는 사장이 되고 싶지 않다면 창업과 동시에 폐업을 염두에 두어야 한다. 매 순간 '내 가게를 사줄 사람이 있을까?'를 생각해야 하는 것이다. "시작부터 폐업에 대해 생각하는 건 너무 비관적이지 않나요?"라고 묻는 이도 있을 것이다. 하지만 '성공적인 폐업'이란 '가게가 망하는 것'이 아니다. '내 사업을 좋은 가격에 양도하는 것'이다. 저마다 폐업의 이유는 다양할 것이다. 외식 사업이 안 맞을 수도 있고, 다른 종류의 사업에 도전해 보고 싶은 욕구가 생길 수도 있는 것이며, 같은 음식점을 좀 더 큰 규모로 도전해 보고 싶어질 수도 있다. 언젠가 가게를 팔아야 한다면 그 타이밍을 잘 계산하는 것 또한 무척 중요한 일이다. 사업이 정점에 있을 때 혹은 앞으로도 성장 가능성이 있다고 판단되지 않으면 인수하려는 사업자는 나타나지 않는다. 적정한 권리금을 받고 매장을 매도하는 것은 생각만큼 쉽지 않다.

결론적으로, 좋은 조건으로 폐업에 성공하려면 장사가 지속적으로 잘되어야 한다. 오픈할 때만 반짝 잘되는 일시적 대박집이 아니라 오픈한 지 몇 년이 지난 후에도 지속적으로 잘되는 음식점을 만들어야 한다. 오픈 초기 마케팅을 통해 이슈를 만들고 손님을 끄는 것은 오히려 어렵지 않다. 오픈 초기엔 흔히 '오픈빨'이라고 해서, 호기심에 방문하는 손님들도 많다. 하지만 이 손님들은 고객이라기보다 평가단에 가깝다. 이 매장이 어떤지 한번 와보는 것이다. 그 '오픈빨'은 상권에 따라 수개월이 지속되기도 한다. 이것을 대박이라고 착각하는 경우도 흔하다.

신기하게도 영업이 잘되면 많은 사장들이 차를 좋은 사양으로 바꾸고 골프를 취미로 즐기며 밖으로 나돌기 시작한다. 음식점의 인기를 과신하고 '이제 나도 좀 여유를 부려도 되지 않을까' 생각하지만, 이것은 완전한 오산이다. 사장은 '오픈빨'이 사라진 후에도 영업이 계속 잘되게 하는 방법에 대해 끊임없이 고심해야 한다. 창업을 하면 대부분 빠른 성장을 추구하는데, 그것보다 중요한 것이 지속적인 성장이다. 다시 한번 얘기하지만, 외식업에서 가장 중요한 것은 고객의 재방문이다. 재방문 고객이 늘고 있다면, 그것은 매우 긍정적인 신호다. 재방문 고객은 그 매장의 팬이 된 것이다. 지속적인 성장을 이루기 위해서는 일시적 마케팅과 프로모션을 뛰어넘는 브랜딩이 필요하다. 고객 서비스는 물론이고, 브랜드의 아이덴티티를 직관적으로 보여주는 공간, 내 가게의 무드에 어울리는 음악, 고객의 불편함을 해소하는 서비스 개선, 기존 고객이 브랜드에 다시 관심을 갖게 만드는 신제품, 브랜드의 팬들을 만족시킬 만한 다양한 이벤트 등 끊임없이 변화하지 않으면 폐업까지 살아남기 힘들다.

그래서 나는 생활맥주가 11년째 성장하고 있다는 사실에 큰 자부심을 느낀다. 대부분의 프랜차이즈가 5~6년을 넘기면서부터 쇠퇴하거나 더 이상 성장하지 못하고 정점을 유지하는 데 급급한 반면, 생활맥주는 11년째 우상향 곡선을 그리며 성장하고 있기 때문이다. 11년 차인데도 직영점은 물론 신규 가맹점도 계속해서 늘어서 규모도 확대되고 있다. 생활맥주는 수제 맥주 프랜차이즈이지만 프랜차이즈의 룰에 갇히지 않고 상권에 맞는 다양한 인테리어를 선보이고, 거의 매월 생활맥주에서만 만날 수 있는 새로운 맥주를 선보이며 팬들을 만족시키기 위해 끊임없는 노력을 하고 있다. 최근에는 싱가포르 진출에 성공하면서 글로벌 사업에 박차를 가하고 있다. 싱가포르에서는 다량의 국산 인삼을 넣어 만든 인삼라거K Ginseng Lager, 현지 싱가포르 브루어리와 긴 시간 협업해서 만든 텔록 헤이지 아이피에이Telok Hazy IPA, 캄퐁 필스너Kampong Pilsner 등 싱가포르에서만 맛볼 수 있는 새로운 수제 맥주와 신메뉴를 개발했다. 유연성을 바탕으로 트렌드에 발맞추어 끊임없이 다양한 경험을 제공하는 것, 이것이 생활맥주가 지속적으로 성장하는 이유다.

이런 프랜차이즈라면
시작하지 않는 편이 낫다

나는 지난 20년 동안 수천 명의 자영업자들을 대상으로 창업 상담을 진행했다. 지금도 월 1~2회 운영되는 생활맥주 창업 멘토링은 내가 직접 진행한다. 생활맥주를 소개하는 데 중점을 두기보다는 창업 전문가에게 상담을 받고 싶어도 어디에서 만나야 할지 모르는 초보 자영업자에게 진정한 조언을 해주고 싶어서다.

사업을 처음 시작할 때의 절박한 마음은 누구나 비슷할 것이다. 나 역시 사업을 시작한 초기에는 국내 외식 사업에 대해 물어볼 사람이 없었다. 주변에 외식업 경험이 있는 사람이 별로 없었고, 누구에게 상의해야 할지도 몰랐다. 사업의 기본을 알려줄 멘토가 없으니 스스로 체득하는 수밖에 없었다.

요즘엔 외식 사업 관련 책도 많지만, 20년 전에는 국내 외식업 관련 서적이 거의 없어서 책에서도 도움을 받을 수가 없었다. 자기계발서를 열심히 읽고 맨땅에 헤딩하면서 몸으로 사업을 배웠다. 창업 멘토링에 참여할 때는 항상 그때를 되새긴다. 그래야 창업을 앞둔 자영업자들에게 진짜 도움이 되는 얘기를 해줄 수 있기 때문이다. 사장이 되기 위해 다져야 할 각오, 실패하지 않는 사업 노하우, 좋은 프랜차이즈를 고르는 법 등 외식 사업을 하기 전에 체크해야 할 사항들을 알려준다.

창업을 앞둔 자영업자들이 가장 눈빛을 빛내며 듣는 부분이 '좋은 프랜차이즈를 고르는 법'이다. 생활맥주 창업 멘토링에 참여한 대부분의 예비 창업가들은 다양한 프랜차이즈의 가맹 설명을 들어본 사람들이다.

프랜차이즈 본사의 대부분이 높은 매출을 자랑하며 "우리 브랜드로 사업하면 성공합니다"라고 말하는데, 어디까지가 진실인지 구별하기가 어렵다. 그래서 나는 부실한 프랜차이즈에 속지 않으려면 다음 다섯 가지를 반드시 확인하라고 권한다.

가장 먼저, 프랜차이즈 브랜드의 직영점 운영 경험을 확인해야 한다. 많은 가맹점주들이 프랜차이즈 브랜드의 매장이 전국에 몇 개가 있는지, 점포의 전체 숫자에 현혹된다. 그런데 매장의 수가 아무리 많아도 직영점 없이 가맹점만으로 이뤄진 매장 숫자는 허수라고 해도 과언이 아니다.

프랜차이즈의 사업 노하우는 매장을 운영하면서 겪은 다양한 시행착오를 통해 생성되는데, 직영점이 없는 프랜차이즈 본사는 가맹점주들에게 교육할 사업 노하우가 없다고 봐야 한다. 또한, 직영점 숫자가 많다는 것은 매장 수익 여부를 체크하는 기준이다. 적자를 감수하면서 직영점을 많이 운영할 수 있는 프랜차이즈 본사는 없다. 직영점이 많다는 것은 직영점 수익이 잘 나고 있다는 의미인 셈이다. 반면, 직영점이 없거나 직영점 운영 경험이 아예 없는 프랜차이즈 브랜드는 가맹점도 수익을 낼 거라는 보장이 없다.

두 번째로, 프랜차이즈 본사의 주요 수입원과 수익 구조를 확인해야 한다. "본사 직원에게 물어보기가 껄끄럽다"고 얘기하는 자영업자들이 많은데, 프랜차이즈 가맹을 앞두고 본사에 질문하기를 어려워해서는 안 된다. 가맹점주는 질문할 권리가 있고, 프랜차이즈 본사는 대답할 의무가 있다. 그래도 본사에 직접 묻기가 망설여진다면 공정거래위원회 가맹사업거래에 등록된 정보공개서의 정보를 통해 본사 수익의 구조를 가늠해 보는 것도 방법이다. 직영점 수익이 주요 수입원인 경우, 프랜차이즈 본사의 재정이 안정적이라고 미루어 짐작할 수 있다. 그런데 가맹 수수료를 비롯한 가맹점 수익이 프랜차이즈 본사의 주 수입원이라면, 필수 품목의 유통 마진, 광고비, 로열티 등 가맹 수익이 적당한 정도인지 반드시 확인해야 한다. 본사가 가맹점으로부터 부당하게 폭리를 취하는지 여부를 확인하는 가장 확실하고도 쉬운 방법은 프랜차이즈 가맹점을 찾아가 점주들에게 본사의 평판을 들어보는 것이다. 누구보다도 사실적이고 현실적인 조언을 해줄 것이다.

세 번째로, 손님이 많다면 손님이 많은 이유를 파악해야 한다. 마케팅을 통해 손님이 몰려든 것인지, 가격이 저렴해서 손님이 많은 것인지, 단순히 위치가 좋아서 손님이 많은 것인지, 아니면 재방문한 손님이 많은 것인지를 확인해야 한다. 단골이 많다면 건강한 매장이다.

일반적으로 매장에 손님이 바글바글하면 '대박집'이라고 섣불리 판단하게 되는 경우가 많다. 그런데 장사가 잘되는 것과 수익이 높은 것은 별개의 이야기이다. 판매 가격을 매우 저렴하게 책정해서 손님을 유치하는 '박리다매' 경영이라면, 뼈 빠지게 일하고도 막상 손에 남는 수익은 매우 적을 수 있다. 박리다매는 매우 좋은 영업 방식이지만 프랜차이즈라면 얘기가 다르다. 프랜차이즈 업계에서는 가맹점 모집을 위해 '판매 아이템을 싸게 팔아 고객을 확보'하는 전략을 펼치는 경우가 많다. 음식을 싸게 판매해 손님을 유입시키고 마케팅을 총동원해 손님이 많아 보이게 하는 전략이다. 그걸 본 초보 자영업자들은 '대박집'이라고 판단해 가맹점을 신청하게 되는 것이다. 하지만 개인 매장과 달리 프랜차이즈 가맹점은 본사로부터 식재료를 비롯한 필수 품목을 구매해야 하고, 로열티, 광고료 등 지불해야 하는 비용이 많은 구조이기 때문에 판매 아이템을 싸게 팔아서는 이익을 남기기가 쉽지 않다. 본사로부터 받는 식자재 단가가 시중 단가와 얼마나 차이가 나는지, 로열티는 얼마를 내야 하는지를 철저히 따져봐야 한다.

손님이 많은 것과 가맹점이 수익을 내는 것은 별개의 얘기이다. 많은 초보 창업가들이 매출이 높으면 수익이 많아진다고 오해하는데, 매출과 수익은 별개이다. 프랜차이즈 브랜드의 가맹 모집 광고에 '연 매출 ○○○억 달성'이라는 홍보

문구가 많은데, 이 숫자에 현혹되어서는 안 된다. 매출이 높더라도 가맹점주에게 남는 게 없는 프랜차이즈 브랜드도 많다. 심지어 손익분기점이 월 7천만 원이어서 7천만 원 이상의 매출을 올려야 수익이 발생하는 브랜드들도 있다.

또한, 가격이 저렴한 것이 경쟁력인 프랜차이즈 브랜드도 잘 살펴봐야 한다. 치열한 외식 시장에서 저렴한 가격만으로는 경쟁력을 갖기가 어렵고, 더 싸게 판매하는 경쟁 브랜드나 매장이 생긴다면 이길 방법이 없기 때문이다. 가격 경쟁력을 가지려면 '판매 아이템의 질은 월등히 훌륭한데 가격은 저렴한' 두 가지 장점을 모두 가져야 한다. 프랜차이즈 본사가 혁신적인 물류 시스템과 대량 구매 등을 통해 경쟁력을 확보했다면 좋겠지만, 그저 저가 경쟁만을 하는 프랜차이즈는 실패할 확률이 높다.

네 번째로, 모방하기 쉬운 브랜드인지 확인해야 한다. 모방하기 쉬운 아이템을 핵심 제품으로 내세운 브랜드는 유사 브랜드로 인해 위기를 맞이하게 될 확률이 높아진다. 사업이 잘되는 것도 중요하지만, 지속 가능하지 않다면 단기간 동안 사업이 잘되는 것은 의미가 없다. 사업 모델이 모방하기 쉬운 모델이라면 얼마 가지 않아 유사 브랜드가 생길 것이기 때문이다. 진입 장벽이 낮은 사업 모델이라면 아예 시작하지 않는 것이 낫다. 우리 사회는 미투 브랜드의 폐해를 수없이 경험했으면서도 같은 실수를 반복하고 있다.

이미 비슷한 콘셉트의 경쟁사가 있는 프랜차이즈 브랜드라면 피하는 것이 좋다. 대체 불가한 사업 아이템, 복제 불가능한 사업 노하우나 시스템을 가진 프랜차이즈 브랜드인지를 확인해야 유사 브랜드로 인한 분쟁에서 자유로울 수 있다.

다섯 번째로, 위기를 극복한 경험이 있는 브랜드인지 확인해야 한다. 코로나19, 혹한의 불경기 등 외식 업계를 곤란에 빠트리는 외생 변수는 매우 다양하고 예측하기 어렵다. 그렇기 때문에 브랜드가 외생 변수를 어떻게 극복했는지, 특히 불경기 때 어떻게 대처하는지를 확인해서 이를 뚫고 나갈 힘이 있는 브랜드인지를 확인해야 한다.

다양한 위기에 현명하게 대처한 경험이 있는 브랜드라면, 앞으로의 위기에도 유연하게 대처할 확률이 높다. 그런데 신생 브랜드라면 이 부분을 확인하기가 어렵다. 실제로 프랜차이즈 본사가 외식 사업을 한 번도 해본 적이 없는 음식점 초보인 경우도 적지 않다. 내 사업을 초보 운영자에게 맡길 수는 없지 않은가. 그럼에도 브랜드가 매력적이라고 느껴져 신생 브랜드와 가맹계약을 맺을 결심이 섰다면, 브랜드를 이끄는 리더의 이력을 확인해야 한다. 브랜드의 대표가 이전에 어떤 사업을 했는지, 그 브랜드가 위기를 극복한 경험이 있는지 등의 이력이 사업의 미래를 가늠하는 지표가 될 수 있다.

신기하게도 예비 창업가들은 가맹 본사에 "수익이 얼마나 나나요?", "직영점은 몇 개인가요?", "대표님은 이전에 어떤 사업을 하셨나요?" 등 프랜차이즈 창업 전에 꼭 확인해야 할 사항에 대해 질문을 아낀다. 본사가 대답하기 곤란한 질문이라고 생각하는 모양이다. 프랜차이즈 가맹 설명회에서 질문하고 답을 얻는 것은 당연한 권리이다. 좋은 프랜차이즈와 연을 맺어 사업에 성공하고 싶다면, 앞의 다섯 가지 항목은 반드시 확인해야 할 사항이니 하나라도 잊어서는 안 된다.

Part

2

상권을 이기는

작은 가게 성공 법칙

'경쟁하지 않는다'는 원칙

페이팔 공동 창업가인 피터 틸은 저서 《제로 투 원》에서 스타트업 창업가들을 향해 '경쟁하지 말고 독점하라'라고 주장하고,[5] 마케터들의 필독서로 불리는 《마케팅 불변의 법칙》에서도 '더 좋기보다는 최초가 되는 편이 낫다'는 '리더십의 법칙'을 제1법칙으로 꼽는다.[6] 세계 유수의 경제 석학들이 입을 모아 기존 시장에서 경쟁하지 말고 새로운 산업을 창출해서 독점하라고 조언하는 것이다.

작은 브랜드일수록 경쟁을 피하고 차별성을 가져야 한다. 어떤 사업이든 일단 경쟁이 시작되면 가격 경쟁이 심화되고, 더 작은 브랜드가 질 수밖에 없는 상황에 이른다. 자본이 적을수록 차별화된 사업 아이템을 찾고, 브랜드의 독자적인 시스템을 구축하는 데 총력을 기울여야 하는 이유다. 20년간 외식 사업을 운영하면서 깨달은 것은 경쟁하지 않는 것이 이기는 법이라는 점이다.

기존에 없던 아이템과 서비스를 제공해 새로운 라이프 스타일을 창출하고 소비자를 리드하는 브랜드는 성공 확률이 높다. 나는 생활맥주가 새로운 맥주 문화를 만들었다고 자부한다. 다른 맥줏집에서는 경험할 수 없는 생활맥주만의 맥주들을 선보였고, 지속적으로 다양한 브루어리와 협업하여 끊임없이 새로운 맥주를 소개하고 있다. 생활맥주는 소비자에게 '이번엔 어떤 맥주를 마셔볼까?' 혹은 '이번엔 어떤 맥주를 새로 출시했을까?'라는 호기심을 유발시키는 경험을 제공하고자 했다. 이렇게 타 브랜드와 경쟁하는 대신 새로운 맥주 문화를 만든 것이 생활맥주가 11년 동안 롱런하며 지속적으로 성장할 수 있었던 비결이라고 생각한다.

내가 브랜드의 차별성을 집요하게 모색한 이유는 사실 개인적 기질 때문이었다. 나는 어릴 때부터 경쟁하는 것을 싫

어하는 성격이었다. 특히, 남들을 따라하는 것은 질색이었다. 남들이 좋아하는 것을 따라서 사는 일은 거의 없었다. 어릴 적부터 음악을 좋아했는데 나는 대중이 좋아하는 유명 뮤지션의 음악을 듣기보다는 남들이 잘 모르는 음악을 탐험하는 것을 좋아했다. 음악뿐 아니라 모든 분야에서 남들이 잘 모르는 것을 찾아내는 것을 즐겼다.

나는 경쟁보다 '개성'을 중시해 왔다. 사업에서도 마찬가지였다. 사업에서 '개성'을 갖는다는 것은 브랜드만의 차별성을 갖는다는 것이다. 창업 멘토링을 할 때도 '브랜드의 정체성'을 강조한다. 그런데 멘토링에서 '차별성'에 대해 강연하면, 예비 창업가들은 대체로 한숨을 쉰다. "차별성 있는 아이템을 찾기가 너무 어렵다"는 것이다. 생각해 보면 나도 사업 초기에는 새로운 산업을 창출하는 사업을 기획한다는 것이 막연하게 느껴져서 어렵기만 했다.

그런데 20년간 외식 사업을 하면서 브랜드의 '개성'과 '차별성'은 사업 모델을 좁고 깊게 정의하는 데서 시작된다는 것을 깨달았다. 차별성은 반드시 상상 이상으로 새롭고, 압도적으로 세련된 것 혹은 기존에 없던 기술력을 동반하는 것만을 의미하는 것은 아니다.

예를 들어 내가 와인바를 기획한다면, 특정 와인 산지를 한 군데 정해서 깊이 있게 연구하고 소비자에게 그 가치를 알리는 와인바를 만들 것이다. 그 지역의 전통 음식과 페어링하고, 한국에서는 접하기 힘든 그 지역만의 와인과 음식의 스토리를 제공하는 마케팅 전략을 세울 것이다. 그 지역에 대해서는 누구도 따라올 수 없을 정도로 전문성을 갖춘 서비스를 제공하는 것이다. 예를 들어 미국 소노마 와인만 판매하는 전략을 택했다면, 한국에 없었던 소노마 와인을 소개하고 소노마 와인 메이커를 초대해 작은 시음회를 열고 소노마 지역을 연상시키는 분위기를 만들 것이다. 그래서 소노마 와인으로는 누구도 따라올 수 없는 경쟁력을 확보할 것이다.

혹자는 '한 지역의 와인만을 판매하기에는 시장 볼륨이 매우 작은데, 시장성이 떨어지지 않냐'고 물을 수도 있다. 내 생각은 다르다. 특정 지역을 파고드는 것이 경쟁력으로 자리 잡혔다면 또 다른 미국 지역, 예를 들어 포틀랜드 지역을 특화한 와인바를 하나 더 내며 사업을 확장할 것이다. 이처럼 나파밸리만 알고 있던 일반 소비자에게 흔히 접할 수 없는 미국 와인을 전문적으로 선보이며 이 분야에선 따라올 수 없는 전문성을 가진 브랜드로 성장시킬 수 있는 것이다.

아마존도 지금은 지구상에 존재하는 거의 모든 물건을 판매한다고 해도 과언이 아니지만, 사업 초기에는 '책'이라는 품목 하나만을 판매하던 '온라인 서점'이었다. 전 세계 책 마니아들에게 명성을 쌓은 후 판매 품목을 하나하나 단계적으로 늘리고, 서비스를 업그레이드하면서 지금의 거대한 이커머스 시스템이 되었다.

"왜 수제 맥주였나요?"

많은 사람이 내게 수제 맥주라는 사업 아이템을 어떻게 찾아냈냐고 묻는다. 지금이야 수제 맥주 양조장이 160여 개가 넘을 정도로 많고 종류도 다양하지만, 내가 생활맥주 1호점을 냈던 2014년만 해도 한국은 단 몇 개의 수제 맥주 양조장만 있을 정도로 아주 작은 시장이었다.

당시 국내 맥주 시장은 한국 대기업 맥주와 일본 맥주, 그리고 기타 수입 맥주로 나뉘어 있었다. 대부분의 술집에서 카스와 하이트를 주로 판매했고, 프리미엄 맥주로 아사히, 산토리, 삿포로 등 일본 맥주가 인기를 얻고 있었다. 그 외에는 중국집이나 양꼬치 전문점에서 칭따오를 맛볼 수 있는 정도였다. 세계 맥주 전문점이나 편의점에서 다양한 수입 맥주들을 판매했지만, 이 역시 일반적인 음식점에서 만나기란 쉽지 않았다. 특히 수제 맥주는 이태원 경리단길이나 해방촌 등 외국인이 많은 동네에서나 맛볼 수 있는 술이었다.

내가 처음 경험한 수제 맥주는 인디카 아이피에이Indica IPA
였다. 예쁜 오렌지빛이 도는 아름다운 빛깔의 인디카 아이피
에이는 크리미한 질감과 꽉 찬 바디감, 풍부한 과일 향과 씁
쓸한 뒷맛으로 내 오감을 자극했다. 산뜻한 충격이었다. 라
거 맥주에만 익숙했는데 이렇게 풍미가 깊고 개성이 강한
맛의 맥주가 있다는 것에 놀랐다. 종류도 다양한 수제 맥주
들이 각기 다른 맛과 개성을 뽐내고 있었다. 이렇게 맛있는
술을 나 혼자 알고 있기가 아까웠다. '더 많은 사람이 수제 맥
주를 경험해 봐야 해!'라는 생각이 들었고, 나는 어느새 사업
을 구상하고 있었다. '이렇게 맛있는 맥주를 마실 수 있는 곳
이 동네에 있다면 그 동네 주민들은 얼마나 즐거울까?'라고
생각하게 되었던 것이다. 생활맥주는 그렇게 시작됐다.

그런데 생활맥주가 '수제 맥주'라는 신선한 아이템만 내
세워 사업을 전개했다면 지금처럼 전국을 아우르는 프랜차
이즈 브랜드로 성장하지는 못했을 것이다. 생활맥주의 궁극
적인 차별점은 '대한민국 수제 맥주 플랫폼'이라는 사업의
본질에 있다. 수제 맥주가 대중에게 조금씩 알려지자 수제
맥주를 판매하는 맥줏집이 빠르게 늘었다. 무의미한 경쟁이
시작되려는 찰나였다. 나는 '경쟁하지 않는다'는 원칙하에

생활맥주에서만 맛볼 수 있는 오리지널 맥주를 만들고, 서둘러 생활맥주를 '수제 맥주 플랫폼'으로 사업 모델을 변화시켰다. 다른 맥줏집과 똑같은 맥주로 가격 경쟁을 하지 않고 생활맥주만의 맥주로 생활맥주의 정체성을 만든 것이다.

생활맥주는 국내 소재의 다양한 50여 개 양조장과 협업하여 기획하고 제작한 수제 맥주를 즐길 수 있는 공간으로, 매월 새로운 맥주를 선보인다. 넷플릭스의 구조와 비슷하다. 넷플릭스라는 OTT 서비스 안에 다양한 콘텐츠가 탑재되고 넷플릭스 오리지널 콘텐츠를 넷플릭스에서만 즐길 수 있는 것처럼, 생활맥주가 양조장과 함께 기획하는 수제 맥주는 생활맥주 안에서만 즐길 수 있다.

생활맥주는 전국 매장에서 똑같은 맥주를 판매하는 것이 아니라 점주가 원하는 맥주를 선택해서 판매한다. 그래서 생활맥주는 매장마다 맥주 라인업이 다르다. 생활맥주에서 판매하는 맥주 중에 잘 팔리는 맥주는 살아남고, 판매량이 저조한 맥주는 자연스럽게 사라진다. 한마디로 생활맥주 안에서 맥주 생태계가 형성되는 것이다. 일반적인 프랜차이즈의 모습과는 전혀 다른 형태이다.

내가 생활맥주에 부여한 또 하나의 차별성은 '치킨'이라는 안주였다. 생활맥주 오픈 당시만 해도 국내에서 수제 맥주는 이국적인 음식에 곁들여 마시는 외국 술로 인식되었고, 소수만 즐기던 주류 문화였다. 가격도 저렴하지 않았기 때문에 일반 주점에서는 좀처럼 만나기가 어려웠다.

한마디로, 수제 맥주는 니치 마켓이었다. 또한, 수제 맥주는 이태원 경리단이나 해방촌에서 피자나 햄버거, 감자칩 등 서양 메뉴와 함께 주로 판매되었고, 프리미엄한 이미지를 가진 주류였기 때문에 치킨과 함께 마시는 술이라는 인식이 없었다. 그런데 나는 수제 맥주처럼 희소한 아이템을 대중화시키려면 '치킨' 같은 대중적인 아이템이 필요하다고 생각했다. 예상대로 수제 맥주와 치킨의 조합은 소비자들에게 큰 호응을 얻었다.

생활맥주를 열었던 2014년에는 "수제 맥주에 치킨이 어울려?!"라고 얘기하는 사람들이 많았다. 특히 수제 맥주 마니아들에게 "수제 맥주를 모르는 사람이 장사를 하니까 이런 조합이 나오는 것"이라는 조언을 빙자한 핀잔도 수없이 들었다. 하지만 니치 마켓인 수제 맥주 시장과 레드오션인 치킨 시장을 접목시키니 새로운 블루오션이 펼쳐졌다.

생활맥주는 기존의 맥주 시장에 뛰어들지 않고 다양한 수제 맥주를 치킨과 함께 선보이는 방식으로 과열된 경쟁을 피해 새로운 산업을 창출했다. 크게는 사업의 본질을 규정할 때부터 작게는 메뉴를 정하기까지 브랜드 전반에 '차별성'이라는 무기를 장착해 사업을 전개해 왔다. '그 브랜드에 꼭 가야만 하는 이유'를 제공하지 못하는 브랜드는 성공할 수 없다고 믿기 때문이다.

사업에 차별성을 부여한다는 것을 너무 어렵게만 생각할 필요는 없다. '경쟁하지 않는다'는 원칙을 세우고, '경쟁력'보다 '차별성'에 중점을 두어야 한다. 기존에 없던 서비스를 만들고 선점해야 고객을 창조하고 시장을 리드할 수 있다. 물론 시장에 없는 것을 만드는 것은 쉽지 않다. 특히 외식 업계에서 완전히 새로운 것을 만드는 것은 불가능에 가깝다. 기존의 아이템에서 한 단계 발전된 요소를 가미하는 방식, 이질적인 조합을 통해 누구도 생각하지 못했던 조합을 선보이는 것만으로도 충분히 새롭다.

생활맥주는 '경쟁하지 않는다'는 원칙을 가지고 출발한 브랜드다. 나는 기존 맥주 사업자들과 경쟁하지 않고도 성공할 수 있는 방법을 찾고자 했다. 오히려 제조사, 유통사 등 시장 참여자들과 함께 성장할 수 있는 방법을 모색해 왔다. 160여 양조사 회원들의 모임인 'KCBC Korea Craft Brewers Club'

를 만든 것도, 맥주 플랫폼 모델을 만든 것도 모두 산업과 함께 발전하고자 하는 기업가 정신을 바탕으로 했기 때문이다. 기업은 더 많은 고객을 이롭게 하고, 새로운 문화를 만들면서 산업 전체를 리드하고 발전시킬 수 있어야 한다.

기억하기 쉬운 상호에
사람들이 몰린다

브랜드의 비전과 철학을 정의하고, 정의된 개념을 소비자에게 친근한 언어로 소통하는 것이 브랜딩이고 마케팅이다. 그런 의미에서 브랜드 네이밍은 브랜딩의 시작이라고 할 수 있다. 브랜드의 목적과 비전, 철학이 아무리 훌륭해도 그것을 매력적인 네이밍과 슬로건으로 정의하지 못하면 소비자는 브랜드를 기억하지 못한다. 이것은 브랜드뿐 아니라 작은 음식점에도 해당한다.

고객의 눈길을 붙잡을 '내 가게'의 네이밍과 슬로건 전략은 어떻게 세워야 할까? 브랜드 혹은 음식점의 네이밍을 할 때 무엇을 최우선으로 고려해야 할까? 사업의 목적이나 창업가의 취향에 따라 우선시해야 할 포인트가 달라지겠지만, 나는 작은 브랜드일수록 직관적이고, 기억하기 쉬운 네이밍이 좋다고 생각한다. 그리고 창업가가 추구하는 매장 분위기에 어울리는 네이밍이어야 한다. 흥겹고 캐주얼한 분위기의 매장을 기획해 놓고 격식 있는 상호로 네이밍한다면 소비자는 그 매장의 이름을 기억하기가 쉽지 않을 것이다. 기억하기 힘든 브랜드는 제아무리 멋들어진 네이밍이라도 마케팅 효율이 떨어진다.

심지어 나는 네이밍이 외식업 성공의 50%를 차지한다고 해도 과언이 아니라고 생각한다. 브랜드가 사람들 입에 쉽게 오르내리게 하면서 대중의 뇌리에 각인되도록 하려면 이름부터 잘 지어야 한다. 낯선 외국어나 심오한 의미를 담은 낯선 단어로 만들어진 상호는 멋져 보이지만, 소비자가 상호에 담긴 의미를 파악하는 단계를 한 번 더 거쳐야 하기 때문에 마케팅 효율이 떨어진다.

'생활맥주'라는 상호를 완성하기까지 나도 고민이 많았다. '수제 맥주의 대중화'라는 사업의 비전이자 철학을 담고 있으면서 위트 넘치는 이름이 필요했다. 한 번 들으면 잊지 못할 이름이면서 유쾌한 감성의 브랜드명이면 좋겠다고 생각했다. '수제 맥주의 대중화'를 목적으로 한 브랜드였기 때문에 이름도 대중적인 코드가 강해야 한다고 생각했던 것이다.

나는 원래 상호명, 제품명 등 다양한 네이밍 작업을 좋아했던 터라 수백 가지 단어를 조합하며 계속해서 브랜드 네이밍 작업을 했고, 지인들을 만날 때마다 "가장 마음에 드는 브랜드명을 골라보라"고 투표를 종용했다. 그러던 어느 날, 익숙한 단어지만 음식점에서 흔히 쓰지 않는 단어를 조합하다가 '생활'이라는 단어를 떠올리게 됐다. 음식점 이름에 붙이기엔 다소 생소하지만 일상에서는 매우 익숙한 단어인 '생활'이라는 단어를 떠올리자마자 '바로 이것'이라는 확신이 들었다. 사람들은 낯선 조합에 매력을 느끼게 마련이다.

맥주를 주 아이템으로 하는 주점 브랜드에 이 이상의 이름은 없을 것 같았다. 맥주는 매일 마시는 음료가 아닌데 '생활'이란 단어가 결합되면서 일상성이 부여되었고, 이질적인 두 단어가 결합되면서 언어유희가 생겼다. 솔직히 이 이름을 떠올리고 나는 '대박 날 이름!'이라고 생각했다.

'생활맥주'는 줄여서 '생맥'이다. 지금은 원하는 매장에만 소주도 팔 수 있도록 자율화했지만, 론칭 초기만 해도 병맥주나 소주 등을 판매하지 않고 오로지 '생맥주'만을 고집했다. 브랜드 상호에 어울리는 판매 전략을 취했던 것이다. 브

랜드 네이밍에는 브랜드의 스토리와 전략이 담겨 있어야
한다.

많은 창업가들이 멋진 상호를 만들려고 노력하지만 그보
다 중요한 것은 브랜드 스토리가 연상될 정도로 직관적이
고, 기억에 남고, 입에 담기 편한 단어로 만들어져야 한다는
것이다. 생활맥주가 이름만으로 '생맥 전문점'이라는 특징
을 드러내는 것처럼 말이다.

생활맥주를 론칭했을 당시, 프리미엄 맥주나 해외 맥주를
판매하는 맥줏집들은 대체로 영어로 지어진 멋진 브랜드명
을 내세웠다. 나는 그 멋진 이름을 가진 브랜드의 스토리를
아직도 알지 못한다. 아마 대부분의 다른 고객들도 나와 마
찬가지였을 것이다. 그만큼 대중음식점은 직관성 있는 네이
밍이 중요하다.

특히 많은 예비 창업가들이 멋진 상호를 짓기 위해 어려
운 외국어를 쓰기도 한다. 하지만 나는 한국 음식점에는 한
글 이름이 가장 잘 어울린다고 생각한다. 멋있는 이름보다
내 브랜드를 가장 쉽고 직관적으로 알릴 수 있는 이름이 중
요한 것이다.

또한, 주점 이름을 네이밍할 때는 흥겨운 정서를 가미하는 것이 좋다고 생각한다. 근본적으로 주점은 흥겨움을 위한 장소이기 때문이다. 생활맥주를 관통하는 감성은 '위트'다. 그에 따라 생활맥주에서 기획하는 맥주 이름을 짓거나 메뉴 이름을 지을 때도 가장 중요하게 생각하는 것도 '위트'이다. 한껏 멋을 낸 이름보다 재미있는 이름이 소비자와 소통하기 쉽다고 생각하기 때문이다.

브랜드가 성장하는 데 네이밍만 중요한 것은 아니다. 슬로건이 없는 브랜드 이름은 그저 상호에 불과하다고 할 수 있다. 생활맥주는 네이밍이 곧 슬로건이 된 사례다. '생활이 맥주다!'라는 슬로건은 '수제 맥주의 대중화'라는 비전을 위트 있게 표현한 것이다. 생활맥주의 유쾌한 감성을 소비자에게 전달하기 위해 건배사 같은 문구로 완성했다.

수제 맥주를 마시기 위해 차려입고 핫플레이스로 향할 필요 없이 언제라도 반바지에 슬리퍼 신고 집 앞에서 수제 맥주를 즐길 수 있는 공간으로서의 생활맥주를 표현하기에 적합한 슬로건이라고 생각했다. 또한, '생활이 맥주다'라는 슬로건을 뒷받침하는 다양한 태그라인으로 브랜딩을 고도화했다. 생활맥주는 '취하니까 얼마나 좋아요', 'No Beer, No Work' 등 생활맥주의 감성을 담은 다양한 태그라인으로 소비자와 소통하고 있다.

사업의 비전과 브랜드의 감성이 담긴 네이밍과 슬로건이야말로 브랜드 정체성을 만드는 데 가장 중요한 요소이다. 그러므로 네이밍과 슬로건 전략은 철저히 타깃 고객에게 맞춰져야 한다. '멋진 이름'보다 타깃 고객이 선호하는 감성을 찾는 게 먼저다.

외식업의 핵심은
경쟁력 있는 공간이다

외식 브랜드의 핵심 경쟁력은 어디에서 시작될까? 많은 사람이 외식 브랜드의 핵심이 '메뉴'라고 오해한다. 잘되는 음식점의 비결이 '맛있는 음식'에 있다고 생각하기 때문이다. 특히 외식업을 처음 시작하는 초보 사장일수록 판매하는 제품, 즉 '음식'에 초점을 맞추어 사업을 설계한다. 트렌디한 메뉴를 찾아내고 최고의 맛을 구현하는 데 시간과 정성을 쏟아붓는다.

외식 사업의 본질이 과연 '음식 아이템'이나 '맛'일까? 틀린 말은 아니다. '음식'의 퀄리티는 외식 사업의 기본이다. 다만, 외식 프랜차이즈 브랜드를 기획할 때는 '내 사업의 본

질은 무엇일까'에 대해 좀 더 깊이 고민해야 한다. 만약 외식업의 경쟁력이 음식뿐이라면 유명 셰프들은 모두 백만장자가 되어 있을 것이다. '맛' 외에 중요한 무엇인가가 있다는 얘기다.

결론부터 말하자면, '공간 브랜딩'이야말로 외식업에서 가장 중요한 부분이다. 요즘 시대의 카페는 커피를 사고파는 매장에 그치지 않고, 주점도 술을 판매하는 매장 이상의 공간이다. 만약 맥줏집을 맥주를 파는 곳으로 정의한다면 편의점을 이기기 어려울 것이다. 편의점에는 저렴하고 다양한 맥주들로 가득 채워져 있기 때문이다. 그렇다면 편의점에는 없고 맥줏집에는 있는 것은 무엇일까? 그 차별성이 바로 '공간'이다. 소비자의 발길을 끌어당기는 '매력적인 술집'으로 인식되기 위해서는 판매 주력 아이템인 '음식'을 뛰어넘어, 편의점 앞 벤치에서는 경험할 수 없는 '차별성'을 제공해야 하는 것이다. 소비자에게 '굳이' 그곳에 찾아가야 하는 이유를 만들어줘야 하는 것이다.

음악 마니아들이 콘서트를 찾는 이유와 같다. 사실 음반에 비해 콘서트에서 듣는 음악은 음악 감상에는 오히려 좋지 않다. 가창 실력이 좋은 가수라도 콘서트에서는 음정이 틀리기도 하고, 현장의 소음 때문에 음악에 집중하기 더 어렵기도 하다. 그런데도 음악 마니아들은 콘서트에 더 열광한다. 콘서트 현장에서 생생한 쾌감을 경험하기 때문이다. 무대 위의 음악가에게서 느껴지는 열정, 이에 호응하는 관객들의 뜨거운 열기, 그날의 분위기와 냄새, 날씨 같은 현장감이야말로 집에서 오디오로 양질의 음악을 듣는 행위 이상의 감흥을 주기 때문이다.

음식점도 마찬가지다. 현장감이 중요하다. 특히, 음식점이 지향하는 세계관을 시각적으로 보여주는 공간만큼 효과적인 마케팅 툴은 없을 것이다. 청기와타운은 공간 브랜딩의 좋은 사례다. LA 한인타운에 있는 바베큐집을 옮겨온 듯한 인테리어와 외국인 모델을 기용한 포스터까지, 청기와타운은 일관된 비주얼 콘셉트를 실현시켜 '외국인 관광객이 한국에 오면 꼭 방문해야 하는 한국 맛집'으로 자리매김했다.

잘 만들어진 브랜드는 공간 브랜딩을 통해 소비자에게 브랜드 스토리를 직관적으로 전달한다. 창업가가 굳이 나서서 브랜드 스토리를 설명하지 않아도, 매장에 들어서는 순간 브랜드의 DNA를 공감할 수 있도록 공간 브랜딩에 성공했다면 브랜딩 기초 공사에 성공했다고 볼 수 있다.

공간 브랜딩은 멋지게 꾸미는 것이 다가 아니다. 공간 브랜딩이란 '감각적으로 꾸미는 것'이 아니라 '내 가게의 아이덴티티에 맞는 공간 콘셉트를 찾아내는 것'이다. 사업의 본질을 분명히 하고, '무엇을 위한 공간인가?'를 정의하는 것이 공간 브랜딩의 첫걸음이다. '내 가게'는 왜 존재하는가? '내 가게'는 어떤 라이프 스타일을 지향하는가? '내 가게'가 동네 주민들의 취향과 맞는가? '내 가게'는 어떤 감성을 가지고 있는가? 고객들은 '내 가게'에서 어떤 특별한 즐거움을 얻을 수 있는가? '내 가게'의 본질을 표현한 인테리어 콘셉트는 무엇인가? '내 가게'의 인테리어는 이 지역에서 경쟁력이 있는가? 이 질문들에 명확한 답을 할 수 있다면, 내 가게의 공간 브랜딩은 50% 이상 완성되었다고 할 수 있다. 나머지 50%는 인테리어의 완성도를 최대치로 끌어올리는 일이다.

　인테리어 완성도를 끌어올린다고 하면 유명한 인테리어 전문가에게 디자인과 설계를 맡겨야 한다고 생각하게 마련인데, 나는 음식점을 개업하면서 인테리어 디자인을 전문가에게 모두 맡기는 것에 반대한다. 인테리어를 비롯한 브랜드 디자인은 내 가게의 정체성을 확립하는 데 가장 중요한 핵심 요소이다. '내 가게'의 정체성을 가장 잘 아는 것은 창업가인데, '전문가니까 알아서 잘해주겠지'라며 인테리어 업자에게 맡기기 일쑤다.

창업가가 브랜드의 정체성을 인테리어 전문가에게 제대로 설명하지 못하거나, 수없이 논의를 거치지 않으면 어디서 본 듯한 뻔한 인테리어 디자인이 탄생하게 된다. 을지로나 논현동의 인테리어 자재 도매시장에 가보면 요즘 유행하는 마감재가 집집마다 비슷하게 진열되어 있다. 큰 고민 없이 인테리어를 진행한다면 요즘 유행하는 디자인과 마감재를 사용한 비슷한 결과물이 나올 수밖에 없는 것이다. '내 매장'의 정체성은 사라지고, 트렌드에 편승하는 디자인이 나온다. 이처럼, 디자인을 전문가에게 위탁하면 '내 가게'의 차별성과 변별력이 사라지기 쉽다. 그래서 나는 창업 멘토링을 할 때마다 창업가가 직접 인테리어를 공부해 보라고 권한다. 무수히 많은 자료를 찾아보고 자재시장에 나가봐야 한다. 그래야 다른 음식점들과 비슷비슷한 특징 없는 인테리어가 완성되는 것을 막을 수 있다.

생활맥주는 타 외식업 매장에서 만날 수 없는 차별적인 마감자재를 선정하기 위해 매우 많은 공을 들였다. 공사장에서 사용하는 발판을 벽면 소재로 쓰거나, 아연 체크플레이트를 맥주 디스펜서 월로 사용하거나, 폐교의 교실 바닥을 벽으로 사용하거나, 매장 셔터를 마감재로 사용하는 식이다.

쉽게 구할 수 있는 인기 자재가 아닌, 아무도 사용하지 않는 자재를 재가공해서 생활맥주만의 디자인으로 완성시켰다.

최근 일본풍 인테리어가 인기다. 골목마다 일본 스타일의 음식점이 빼곡히 들어서며 일본식 인테리어에 일본 글자, 일본 포스터, 일본 특유의 디자인으로 가득 채워지고 있는 것을 볼 때마다 걱정스러운 마음이 앞선다. 누군가 파격적인 아이디어로 일본풍 인테리어를 시도해서 성공했을 텐데, 지금은 전국의 수많은 매장들이 이를 따르고 있다. 안타까운 것은 이런 신드롬은 얼마 가지 않아 끝나게 된다는 것이다. 시간이 갈수록 더 이상 '우리 가게의 정체성'이라고 말하기가 어렵기 때문이다.

공간 브랜딩을 위해서는 무엇보다 사업의 본질, 정체성을 분명히 해야 한다. '무엇을 위한 공간인가?'가 가장 먼저 정의되어야 한다. 생활맥주는 사업 시작부터 '수제 맥주를 파는 매장'이 아닌 '수제 맥주를 즐기는 공간'으로 기획되었다.

생활맥주의 '공간'을 설계하기 위해 먼저 '생활맥주 감성'을 정의해야 했다. 다시 얘기하지만, 생활맥주를 오픈한 2014년에는 수제 맥주가 지금처럼 다양하지 않았고, 대중에게는 와인이나 위스키보다 생소한 주류였다. 수제 맥주의 개성 있는 맛을 좋아하는 맥주 마니아도 있었지만, 낯선 향과 맛에 '나랑은 안 맞는다'며 단 한 번의 경험을 토대로 수제맥주에 마음을 닫는 이들도 많았다.

게다가 가격 또한 일반 맥주보다 다소 높은 편이어서 대중이 선뜻 받아들이기가 쉽지 않았다. 생활맥주의 주력 메뉴인 '수제 맥주'가 다소 실험적인 아이템이었기 때문에 '수제맥주의 매력'을 대중에게 친근하게 소개해 주는 '살가운 공간'이 필요했다. 이를테면 '맛있는 술을 권해주는 동네 언니-오빠' 같은 술집이면 좋겠다고 생각했다.

누구나 부담 없이 찾아갈 수 있는 곳, 언제 가도 흥미로운 곳, 때로는 입맛에 맞지 않더라도 '새로운 맥주'를 경험하며 유쾌한 시간을 보낼 수 있는 곳이어야 했다. 그래서 생활맥주의 공간 콘셉트도 '동네 오빠' 같은 '오래된 동네 술집'으로 정했다. 10년 전부터 계속 그 자리에 있었던 것 같은 옛날식 술집 말이다.

그래서 선택한 콘셉트가 1960년대 인테리어에서 영감받은 인더스트리얼 빈티지였다. '오래된 술집'처럼 보이기 위해서 '빈티지' 콘셉트가 필요했다. 1960년대부터 지금까지 쭉 그 자리를 지켜오며 동네의 역사를 함께한 술집처럼 보였으면 했다. '인더스트리얼 빈티지' 인테리어 콘셉트는 다행히 생활맥주 1호점이 위치한 여의도 진주상가와도 매우 잘 어울렸다.

소비자에게 '새로운 맥줏집'이 아닌 '어? 우리 동네에 저런 술집이 있었나?', '이 가게가 언제부터 있었지?'라고 느낄 정도로 낯선 동시에 익숙한 공간으로 인지되는 것이 목표였다. 무엇보다 프랜차이즈스럽지 않은 매장으로 보이길 바랐다. 흔히 술집을 차릴 때는 비싸 보이는 것, 멋있어 보이는 것, 화려해 보이는 인테리어를 꿈꾸지만 나는 오히려 반대로 생각했다. 보다 익숙하게, 보다 소박하게! 어깨에 힘을 잔뜩 준 것 같은 인테리어를 배제하고, 살짝 힘을 뺀 멋을 추구했다.

한번은 이런 적도 있다. 생활맥주 1호점을 오픈한 지 며칠 되지 않아 친구를 가게로 초대했는데, 맥주를 마시던 중 그 친구가 "그래서, 새로 오픈한다던 가게는 어디야?"라고 물었다. 그에게는 생활맥주가 새로 오픈한 매장처럼 보이지 않았던 것이다. 둘이서 한참을 웃었다. 친구의 말에 나는 기분이 매우 좋았다. '오래된 술집'처럼 보이고 싶었던 내 의도가 제대로 들어맞았기 때문이다. 생활맥주 1호점은 방금 오픈한 것처럼 보이지 않고 손때 묻은 듯한 공간, 편안하지만 세련된 공간이었던 것이다.

브랜드의 컬러도 공간 브랜딩에 매우 큰 영향을 미친다. 나는 브랜드는 컬러로 기억된다고 생각한다. 스타벅스, 베스킨라빈스, 메가커피 등을 떠올리면 브랜드 컬러가 자연스럽게 떠오르지 않나. 소비자의 인식 속에 브랜드 컬러가 강하게 각인되면 컬러만 봐도 자연스럽게 해당 브랜드가 연상된다. 그만큼 컬러는 브랜딩에 중요한 요소다. 생활맥주의 브랜드 컬러는 레드다.

생활맥주의 주 컬러를 '클래식 레드'로 한 것도 레드가 '빈티지'에 가장 잘 어울리는 컬러였기 때문이다. 또한, 순도 높은 클래식 레드 컬러는 시각적 임팩트가 강하다. '생활맥주'라는 낯선 브랜드를 소비자에게 빠르게 인식시키는 데에는 멀리서도 눈에 띄는 클래식 레드 컬러가 적지 않은 역할을 했다고 생각한다.

'생활맥주' 폰트도 빈티지함을 담아 궁서체로 정하고 나니, 레트로 무드를 담은 근사한 간판이 완성됐다. 또한, 조명의 주 컬러를 레드로 정하니 공간이 섹시해졌고, 거기에 미러볼과 함께 10와트짜리 꼬마전구를 장식하니 공간에 흥이 더해져 인스타그래머블한 인테리어가 완성되었다. 꼬마전구는 청계천에서 발품 팔아 구입했는데, 전구 알이 자주 끊겨서 생각보다 꼬마전구 유지보수에 시간과 공이 많이 들었다. 전구가 나갈 때마다 매번 꼬마전구를 구입해서 전선을 꼬아서 다시 장식하느라 손톱이 성할 날이 없었다.

자고로 술집은 '흥을 돋우는 공간'이어야 한다. 젠체하며 세련된 인테리어로 압도하는 것보다 반짝반짝 빛나면서 손님을 기분 좋게 하는 꼬마전구 같은 분위기가 필요했다. 꼬마전구 인테리어가 기성세대와 젊은 세대의 호응을 동시에 얻으면서 생활맥주는 인스타그래머블한 술집으로 입소문 나기 시작했다. 그러다 보니 여기저기 생활맥주 인테리어를 카피하는 술집도 생겼다.

생활맥주가 구현한 뉴트로 스타일이 트렌드가 되면서 생활맥주도 진화의 필요성을 느끼게 됐다. 나는 끊임없이 새로운 인테리어 디자인을 개발하고, 새로운 자재도 찾아 헤맸다. 생활맥주를 모방하는 브랜드와 차별성을 갖고 싶었고, 무엇보다 생활맥주가 제자리에 머물지 않고 계속 발전하는 것을 꿈꾸었기 때문이다. 소비자가 눈치채지 못할 수도 있지만, 생활맥주는 11년간 브랜드의 정체성을 유지한 채 디자인을 끊임없이 변화시키고 있다.

간판도 '생활맥주' 일색이 아니다. '생활이 맥주다'라는 슬로건을 상호와 함께 강조하거나 성수점, 용산점에서는 한자 '生活'을 상호명으로 내거는 등 다양한 엑스테리어로 손님을 맞이한다. 용산점이나 성수점의 매장 안에 들어서서 '여기도 생활맥주였어?'라며 놀라는 소비자가 있을 정도로 생활맥주는 다양한 외양을 선보이고 있다.

심지어는 생활맥주가 프랜차이즈인 사실 자체를 모르는 고객도 있다. 그만큼 생활맥주는 상권에 어울리는 다양한 이미지와 맥주로 소비자에게 다가가고 있고, 'ㅇㅇ점'이라는 지점 표시도 없다. 그저 '우리 동네 생활맥주'로 거기에 존재할 뿐이다. 매번 새로운 지점을 오픈할 때마다 '생활맥주'라는 틀에 얽매이지 않으면서도 생활맥주의 레트로 DNA를 변형하여 적용한다. 생활맥주가 지난 11년 동안 성장하면서 생활맥주의 공간도 변화를 거듭한 셈이다.

지금의 생활맥주 대부분은 여의도 1호점과는 닮은 듯 모두 다른 모습이다. '생활맥주다운 공간'이란 '천편일률적인 하나의 모습'이 아니라고 생각하면서 소비자가 질리지 않도록 끊임없이 진화하다 보니 오늘의 모습에 이르렀다. '동네 최고의 수제 맥줏집'을 목표로 한 결과, '하이퍼로컬hyperlocal' 문화가 트렌드가 된 이 시대에 먹히는 프랜차이즈로 거듭나게 되었다.

이렇게 공간의 형태적 다양성을 추구하면서도 생활맥주가 놓치지 않았던 단 한 가지는 '뉴트로'라는 콘셉트다. 매장을 마감하는 주재료도 바뀌고 간판의 디자인도 다양해졌지만, 생활맥주는 '뉴트로'라는 콘셉트를 한 번도 놓친 적이 없다. 그것이 '다양한 수제 맥주를 누구나 부담 없이 즐길 수 있는 플랫폼'이라는 생활맥주의 본질을 표현한 콘셉트이기 때문이다. 매장 내 모든 것은 다양하게 변주될 수 있지만, 콘셉트만큼은 일관성 있게 단 하나를 극명히 지향해야 한다. 어떤 인테리어 콘셉트든 공간의 모든 것이 하나의 정체성으로 통일되지 않으면 콘셉트에 균열이 생기기 때문이다.

인테리어만이
공간 브랜딩이 아니다

공간 브랜딩은 인테리어만을 의미하는 것이 아니다. 내 가게의 정체성을 손님에게 각인시키기 위해서는 매장 내에 다양한 콘텐츠를 배치해야 한다. 메뉴판, 포스터, 코스터, 식기 등 매장을 채울 수 있는 브랜딩 콘텐츠는 무궁무진하다.

특히 직접 쓴 손글씨 메뉴처럼 창업가의 정성이 엿보이는 콘텐츠는 손님에게 매장의 진정성을 전달하는 좋은 무기이다. 사장이 직접 만든 콘텐츠는 시중에 판매하는 어떤 멋진 오브제나 콘텐츠보다 특별하다. 세상에 하나밖에 없는 콘텐츠이기 때문이다.

생활맥주 론칭 당시에는 나도 직접 많은 콘텐츠를 만들었다. 그중 하나가 칠판이다. 생활맥주 매장 한쪽에 칠판을 걸고 분필로 내가 하고 싶은 얘기를 쓰거나 그림을 그려 넣어 소비자와 소통했다. 캘리그래피를 전문적으로 배운 적도 없고 그림 전문가도 아니었지만, 그런 것은 중요하지 않았다. 오히려 삐뚤빼뚤한 글씨에 어설프게 그린 닭 그림이었기에 매장에 온 손님들이 더 많은 관심을 가져주었다고 생각한다. 세련되게 잘 쓴 글씨보다 정성 들인 진정성 있는 글씨가 손님에게 공감을 일으켰던 것이다.

매장 벽면에 장식한 네온사인도 생활맥주의 정체성을 손님에게 전달해 주는 주요 콘텐츠였다. 지금은 네온사인이 트렌드가 되어 많은 외식 사업장에서 네온사인을 사용하지만, 11년 전만 해도 네온사인으로 장식하는 음식점이 많지 않았다. 심지어 네온사인을 제작하는 곳도 흔치 않았다. 나는 물어물어 네온사인을 소량으로 제작해 주는 업체를 찾아 '취하니까 얼마나 좋아요!'라는 문장의 네온사인을 만들어 벽에 걸었다.

손님에게 건네고 싶은 농담으로 만든 이 네온사인은 인스타그래머블한 요소 덕분에 금세 입소문이 났고 유행이 되었다. 커피집, 주점 할 것 없이 많은 외식 브랜드가 사용하게 되

면서 네온사인 자체가 외식업 인테리어 트렌드가 되었을 정
도로 많은 손님들에게 사랑을 받았다.

메뉴판은 각별히 신경 써야 할 콘텐츠다. 수많은 주점 매
장에서 주류 회사가 만들어 주는 공짜 메뉴판을 사용한다.
어느 주점에 가도 메뉴판이 엇비슷해 보이는 것은 이 때문
이다. 그래서 메뉴판만 독특해도 브랜드가 특별해 보인다.
나는 생활맥주 초기에 메뉴판도 직접 프린트해서 만들었다.
크라프트 용지에 메뉴와 가격 그리고 내가 손님에게 건네고
싶은 말을 인쇄해 테이블에 올려두었다. 나는 메뉴판이 생활
맥주의 홍보판이라고 생각했다. 메뉴판은 손님이 필수적으
로 보는 콘텐츠이고, 내 브랜드를 알리기 가장 좋은 수단이
기 때문이다.

맥주 코스터도 매우 효과적인 브랜딩 콘텐츠이다. 주류
회사에서 무료로 나눠주는 코스터나 인터넷에서 흔히 구매
할 수 있는 코스터가 아닌, 술꾼들이 좋아할 만한 디자인과
문구 그리고 창업가가 알리고 싶은 내용을 담은 코스터는
사은품의 역할까지 하게 된다. 손님이 집에 가져가고 싶은
욕심이 생길 정도로 재미있는 코스터를 만들고, 또한 원하는

손님에게 코스터를 아낌없이 나눠주어야 한다. 그 코스터는 손님의 집에서 오랫동안 같이 머물면서 브랜드를 상기시켜 주는 좋은 마케팅 툴이 될 것이기 때문이다.

내 가게의
음악을 찾아라

음식점은 소비자의 오감을 자극하는 공간이어야 한다. 그런데 공간은 인테리어만으로 완성되지 않는다. 빛, 소리, 향기, 그곳을 채우는 사람들의 분위기까지 모든 것이 공간을 구성하는 요소이고, 어느 하나라도 어긋나면 공간의 세계관은 깨진다.

특히 음악은 인테리어의 한 요소이면서 동시에 가장 중요한 요소이다. 음악은 듣는 사람의 감정을 움직이는 강력한 힘을 가지고 있다. 그런 음악이 소비자가 공간에 머무는 동안 지속적으로 주입된다면 그 효과는 실로 엄청나다고 얘기할 수 있다. 동네에 작은 백반집을 연다고 해도 '내 가게의 음악'에 대해 깊이 고민해야 한다.

스타벅스는 카페이면서 동시에 '음악 맛집'으로도 유명하다. 스타벅스는 본사의 전문 큐레이터가 플레이리스트를 엄선해 전 세계 매장에서 선보였고, 이 음악들을 CD로 제작해주는 유료 서비스로 많은 사랑을 받았다. 1999년에 스타벅스가 '콩코드 뮤직'과 함께 설립한 '히어 뮤직Hear Music'은 폴 매카트니, 레이 찰스와 함께 음악을 제작하여 들려주었으며, 2015년부터는 스포티파이와 협업하여 매장 음악을 스트리밍으로 제공하고 있다. 음악을 통해 스타벅스 팬덤을 더욱 공고히 한 것이다.

내가 '생활맥주' 창업을 결정한 후 가장 먼저 착수한 일도 플레이리스트 선곡이었다. 감각적인 음악이 공간의 분위기를 좌우한다고 생각했기 때문이다. 그냥 '좋은 음악', '인기 음악'만으로는 부족했다. 매일 눈뜰 때부터 잠자리에 들 때까지 수백 곡의 음악을 들으면서 '생활맥주스러운', '생활맥주다운' 음악을 고민했다. 내 가게에 어울리는 음악을 찾아야 했다.

생활맥주의 플레이리스트는 어떤 무드여야 할까? 어떤 장르의 음악이 어울릴까? 술을 마시면서 듣기에 가장 즐거운 음악은 어떤 음악일까? 내가 만들고 싶은 공간은 어떤 분위기의 공간인가? 매장 오픈 전날까지 수천, 수만 곡을 들으며 내가 생활맥주 플레이리스트를 정한 기준은 두 가지였다. 첫째, 흥을 돋우는 음악일 것. 둘째, 비일상의 음악일 것.

모름지기 맥줏집은 흥겨워야 한다. 이와 연장선상에서 맥줏집의 매장 음악도 흥을 돋우는 음악이어야 한다. 생활맥주가 맥주를 마시면서 신나는 기분으로 친구와 대화할 수 있는 공간이 되어야 한다고 생각했기 때문에 매장 음악도 흥을 돋우는 미디엄 템포의 올드팝 음악을 최우선으로 선곡했다.

느린 템포의 곡도 플레이리스트에 있긴 했지만, 대체로 술 마시기에 좋고 대화를 방해하지 않는 미디엄 템포의 곡이나 디스코 음악으로 플레이리스트를 채웠다. 지나치게 빠른 비트, 격렬한 기타 디스토션 사운드는 흥을 돋울 수는 있지만 대화를 방해하는 요소였기 때문에 배제했다.

두 번째 기준인 '비일상의 음악'은 일상에서 흔히 접하는 음악이 아니라는 의미다. 일상에서 벗어나 찾아간 술집에서 매일 듣는 유행가를 듣는 순간 소비자는 일상의 기분으로 돌아가게 될 확률이 높다. 그렇다고 한 번도 들어보지 못한 생소한 음악은 아무리 감각적이어도 흥을 돋우기 어렵다. '아! 나 이 음악 어디선가 들어본 것 같은데!'라고 생각하면서도 노래 제목이 언뜻 떠오르지 않을 정도의 친근하면서도 일상적이지 않은 음악, 그것이 생활맥주가 추구하는 음악이 었다.

그렇게 선곡된 곡들이 바로 올드팝이었다. 생활맥주의 플레이리스트는 1960~1980년대 팝으로 구성되어 있다. 롤링스톤스The Rolling Stones, 마빈 게이Marvin Gaye, 도나 썸머Donna Summer, 시크Chic, 시카고Chicago, 조지 벤슨George Benson 등 1960~1980년대에 리즈 시절을 보낸 스타 뮤지션부터 보즈 스캑스Boz Scaggs, 홀 앤 오츠Hall & Oats, 알 그린Al green 등 음악 좀 안다는 사람들은 아는 숨은 히어로의 명곡들로 500여 곡을 선곡하여 각 매장에서 랜덤으로 플레이하도록 했다. 24시간 이상 재생 가능한 생활맥주의 플레이리스트는 11년이 지난 지금까지도 매장에서 사용하고 있다.

재미있는 것은 음악을 들은 고객들의 반응이었다. 내가 선곡한 플레이리스트는 2014년 오픈 당시 생활맥주의 주 타깃으로 삼았던 30~40대를 공략하는 '추억의 음악'이었는데, 이 음악이 의외로 20대 고객들에게도 호응을 얻었다. "신선한 음악이라 좋다"는 것이었다. 그도 그럴 것이 40대에겐 어디선가 들어본 듯한 낯설고도 익숙한 음악이지만, 20대에게 1970년대 음악은 난생처음 들어보는 음악이었으니 말이다. 2019년에 '온라인 탑골공원'의 인기와 함께 1990년대 음악이 신드롬을 일으키며 젊은 세대의 사랑을 받기 이전부터 생활맥주의 플레이리스트는 20대부터 40~50대까지 다양한 세대에게 사랑받았다.

생활맥주 음악이 세련됐다고 자랑하는 것이 아니다. 플레이리스트 선곡 작업에서 가장 중요한 것은 브랜드의 콘셉트를 표현할 수 있는 음악을 찾아내는 것이다. 소비자가 브랜드의 정체성과 특이성을 인식할 수 있는 음악을 제공해야 한다는 의미이다. 일식집에서 일본 음악을 틀어주면 왠지 흥이 돋는다. 반면, 모던한 카페에서 1960~1980년대 가요가 흘러나오면 공간과 음악의 콘셉트가 엇갈리면서 세계관이 뒤틀어질 것이다. 두 가지 콘셉트가 충돌하면서 어중간한 브랜딩이 되기 때문이다.

가장 안타까운 경우는 음악을 안 틀거나, TV를 켜 놓거나, 아니면 자신이 듣고 싶은 '유행가'를 반복 재생하는 음악 브랜딩이다. 공간을 채우는 음악의 중요성을 전혀 모르는 경우다. 어디서나 들을 수 있는 '흔한 음악'을 틀어주는 가게는 브랜딩 한 가지를 포기하는 것이다. 극단적으로 예를 들면, 가게에서 '인기 음악 차트 100'을 스트리밍할 바에는 클래식 음악을 트는 게 낫다. 유행가를 틀어준 술집은 소비자에게

별다른 인상을 남기지 못하지만, 클래식 음악을 튼 술집은 '그 술집, 음악이 엄청 특이했어'라고 오랫동안 기억될 것이기 때문이다.

유동 인구 적은 주택 상권에도 사람들이 몰리는 가게

글로벌 버거 브랜드가 강남역에 오픈한다는 소식을 종종 듣게 되는데, 그때마다 나는 '과연 현명한 입지 전략일까?'라는 의문을 갖게 된다. 한국에 수입되는 글로벌 버거 브랜드라면 소비자를 응집시킬 파워가 이미 충분한데, 비싼 권리금과 월세를 부담하면서까지 번화가에 1호점을 내는 것이 과연 효율적일지 생각해 보는 것이다. 만약 내가 글로벌 외식 브랜드를 한국에 론칭한다면, 강남역을 고집하지 않고 브랜드의 정체성에 잘 맞는 동네를 찾아 오픈할 것이다. 중요한 건 상권이 아니라 '브랜드의 아이덴티티를 소비자에게 얼마나 제대로 전달할 수 있는가' 하는 것이다. 우리는 하이퍼로컬 문화가 트렌드인 시대에 살고 있고, SNS에서 입소문이 한 번 나면 낯선 동네에 간판 없는 주점을 찾아내는 열혈 소비자 또한 많지 않은가.

블루보틀은 국내 1호점으로 강남이나 홍대가 아닌 뚝섬을 선택했다. 당시만 해도 뚝섬과 성수는 지금처럼 '뜬 상권'이 아니라 대림창고의 인기에 힘입어 '성수 카페거리'가 막 형성되던 때였다. 블루보틀은 국내 1호점을 성수동에 오픈해 힙스터들을 줄 세우며 성수동이 'MZ 세대의 성지'로 자리 잡는 데 기여했다. 블루보틀의 가치를 알고 당시만 해도 인적이 드물었던 성수동으로 기꺼이 찾아와주는 고객들과 소통하며 지역 상권을 활성화시킨 사례라고 할 수 있다.

물론 브랜드마다 목적하는 바에 따라 입지 전략이 다르다. 대기업에서 수입한 글로벌 체인 브랜드의 1호점은 판매나 수익 못지않게 홍보에 중점을 두기 때문에 강남역이나 홍대 같은 번화가 상권에서 보다 많은 소비자와 만나는 게 중요할 수 있다. 다만, 나는 작은 브랜드일수록 블루보틀의 입지 전략을 벤치마킹하는 것이 효율적이라고 생각한다. 유동 인구가 많은 상권에 진입하여 한정된 자원을 권리금과 월세로 소진하는 것보다는 브랜딩과 마케팅에 투자하는 것이 충성 고객을 만들어가는 데 도움이 될 것이라고 확신한다.

나 역시 생활맥주를 개업할 당시만 해도 '내 가게의 1호점은 어디에 열어야 할까?'에 대한 고민이 많았다. 생활맥주 1호점은 여의도 진주상가였다. 왜 여의도였는가 하면, 그 거리에 반짝이는 술집이 없었기 때문이다. 여의도 직장인들과 주민들의 라이프 스타일을 충족시키는 인프라가 현저히 부족했다.

생활맥주 창업을 결심한 후 강남역, 대학로 등 소위 '잘되는' 번화가 상권에서 좋은 매물을 찾아 헤맸던 기억은 11년이 지난 지금도 생생하다. 강남, 대학로, 홍대, 성수, 이태원에는 이미 개성 넘치는 와인바, 맥주 가격 최저가를 외치는 호프집, 실내 포장마차까지 각양각색의 술집들이 모여 있었다. 그런데 인기 상권을 분석하면 할수록 그곳이 생활맥주 1호점을 내기에 적절치 않다는 생각이 들었다. 거리에는 '수제 맥주' 타깃 고객인 힙스터들이 가득했지만, 그 힙스터들이 생활맥주라는 낯선 브랜드에 관심을 가져줄지에 대한 확신은 생기지 않았다. 그러다가 미팅차 여의도에 들렀는데, 직감적으로 '생활맥주의 시작은 여기다' 싶었다. 여의도 어디를 둘러봐도 생활맥주처럼 개성이 강하고 특이한 술집이 보이지 않았기 때문이다. 여의도야말로 생활맥주가 경쟁하지 않고 충분히 주목받을 수 있는 지역이라는 확신이 들었다.

심지어 진주상가는 1층에만 무권리 매장이 여럿인 죽어가는 상가였다. 현재 생활맥주 1호점이 있는 자리는 꽃과 나무가 다 죽어있는, 한마디로 망한 꽃집이 자리하고 있었고, 상가에는 공실이 많았다. 나는 진주상가에서 오히려 '기회다!'라는 촉이 왔다.

생활맥주는 여의도에서 가장 여의도스럽지 않은 술집이었다. 일단, 영롱하면서도 투박한 꼬마전구와 미러볼로 반짝반짝했다. 멀리서도 선명하게 보이는 빨간 궁서체의 간판으로 눈길을 끌고, 빨간 네온사인이 만들어내는 섹시하면서도 도발적인 분위기, 문을 열면 1960~1980년대 추억의 팝이 흘러나오는 생활맥주라는 공간은 여의도 주민들에게 흔히 접해보지 못한 술집으로 소문이 났다. 생활맥주는 오픈하고 단 며칠 만에 손님이 줄을 설 정도로 문전성시를 이루었다. 비가 오는 날에는 야외 테이블에서 우산을 쓰고 수제 맥주를 마시는 손님들, 자리가 없으면 돗자리를 펴고 앉는 손님까지 있을 정도였다. 동네 주민들은 생활맥주 특유의 감성을 사랑해 주었다. 나는 이 낯선 술집을 무턱대고 사랑해 주는 동네 주민들이 고마워서 새로 테스트하는 안주며 맥주를 기쁜 마음으로 서비스했다. 오픈한 지 얼마 되지 않아 생활맥주는 여의도 금융가에 신선한 충격을 준 매장으로 빠르게 자리매김했다. 넥타이를 맨 금융맨들이 접대가 아닌 스스로 즐기기 위해 찾는 성지가 되었다. 생활맥주가 북적거리면서 진주상가도 활기를 띠기 시작했다. 옆집에 고깃집, 이자카야 등이 들어섰고 모든 상점이 함께 흥하면서 빛을 잃었던 진주상가도 되살아났다.

내 가게를 필요로 하는 거리를 찾는 것이 가장 효율적인 입지 전략이다. 그리고 그보다 중요한 것이 브랜딩이다. 생활맥주 1호점을 성공적으로 론칭하면서 나는 브랜드의 진정성과 공간 브랜딩이 상권보다 중요하다는 사실을 확인했다. 그리고 지난 11년 동안 54개의 직영점 위치를 선정하고, 수백 개의 가맹점 입지 컨설팅을 통해 수많은 사례를 경험하면서 나는 상권으로부터 완전히 자유로워졌다. 어느 상권에 가든 생활맥주와 비슷한 브랜드는 없었고, 생활맥주를 필요로 하는 상권을 찾는 건 어려운 일이 아니었기 때문이다.

나만의 정체성을 가진 브랜드는 상권 선택도 달라야 한다. 나만의 정체성이 명확하다면 뒷골목 후미진 곳에도 기꺼이 소비자는 찾아올 것이다. 그 음식점 외에 대안이 없는 경우에는 더 그렇다. 내 음식점이 독보적인 희소성까지 갖춘다면, 매장이 산꼭대기에 있어도 고객은 찾아오고 말 것이다.

좋은 상권에서
권리금 없는 매물을 찾는 법

우리나라처럼 상권의 변화가 빠른 나라도 드물 것이다. 압구정동이 지고 가로수길이 떴다가 가로수길이 지고 성수동이 뜨는가 하면, 경리단이 지고 용리단이 뜨는 등 상권이 뜨고 지는 속도가 매우 빠르다. 이렇게 상권의 인기가 빠르게 오르락내리락하다 보니, '내 가게를 어디에 오픈하면 대박이 날까?'를 고민하는 것이 무슨 소용인가 싶을 때도 많다. 높은 권리금과 월세를 감수하고 성수동이나 연남동처럼 뜨는 상권에 매장을 오픈한다 해도 이 상권의 인기가 언제까지 지속될지 예측하기 어렵다. 투자 비용을 회수하기도 전에 상권의 인기가 하락할 수도 있기 때문이다. 반면, 인기가 지속돼도 그 나름의 문제가 생긴다. 상권이 활성화되면 젠트리피케이션이 발생할 확률이 높아지고, 소규모 자영업자는 갑작스럽게 치솟는 임대료를 감당하기 어려워진다.

한 상권에서 3~4년 사업하고 그만둘 계획이라면 몰라도, 그게 아니라면 '뜨는 상권'에 집착할 필요가 없다. 그렇다고 아무 데나 매장을 내도 된다는 얘기는 아니다. 특정 상권에 구애받을 필요는 없지만, 매장 입지를 결정하기 위해서는 가게의 콘셉트를 중심으로 한 꼼꼼한 조사가 필요하다. 일일 유동 인구, 주말 유동 인구보다는 비슷한 아이템을 판매하는 경쟁 브랜드의 유무, 주거단지 세대수나 오피스 빌딩의 배후 수요 조사, 잘되는 1차 업종 유무 등을 직접 발품 팔아 조사하는 것이 중요하다. 그리고 무엇보다 브랜드가 동네 주민들의 취향과 맞는지를 분석해야 한다. 그 동네에 '내 가게 1호점'이 있다고 상상해 보라. 그 동네에 그 가게가 필요한가? 동네와 가게가 잘 어우러지는가? 충분히 경쟁력이 있고 동네 주민에게 사랑받을 것 같은 느낌이 드는가? 그렇다면 그곳이 '내 가게'를 내기에 좋은 상권이 될 것이다. 생활맥주가 여의도를 선택했던 것처럼, '이 동네에 이런 매장이 있으면 좋을 텐데', '이 동네에 이런 매장이 생기면 동네 주민들이 얼마나 좋아할까?'라는 생각이 들거나 '왜 이 동네에는 이런 매장이 하나도 없을까?'라는 의문이 든다면, 그곳이 당신의 브랜드가 성공할 수 있는 조건을 갖춘 상권이다.

그다음에 필요한 것은 '인내'다. 워런 버핏의 명언인 "투자에는 스트라이크 아웃이 없다. 내가 원하는 구질의 공이 들어올 때까지 기다려라"라는 말은 작은 가게의 입지 전략에도 적용된다. 원하는 상권에서 원하는 매장을 얻는 데 가장 필요한 것은 기다림이다. 대부분의 자영업자가 원하는 특정 상권의 매물을 뒤져서 권리금을 비교하고 가장 저렴한 매장을 골라서 계약을 맺게 마련인데, 이 정도로 타협해서는 안 된다. 특정 상권을 하나만 정해놓고 매물을 찾는 것은 효율적이지 않다. 특정 상권을 고집해서는 권리금을 협상하는 폭이 좁아지기 때문이다. 후보 지역을 넓게 선정하고, 여러 상권에서 좋은 매물을 두루 돌아보면서 권리금이 저렴한 매물이 나올 때까지 기다리는 것이 효율적이다. 여러 지역의 부동산을 방문하여 매물 정보를 받을 수 있도록 관계를 맺고, 다양한 매물 정보를 받으며 기다려야 좋은 매물 정보를 받을 수 있는 확률이 높아진다. 초보 창업가들은 부동산을 찾아가 매물조사를 하는 것조차 어려워하는 경우가 많다. 이것은 누가 대신해 줄 수 있는 것이 아니다. 부동산 조사는 외식업에선 빼놓을 수 없는 필수 업무이기 때문이다.

많은 이들이 묻는다. "아무리 기다린다고 한들 번화가 상권에 권리금 없는 매장이 나올까요?"라고 말이다. 내 대답은 "반드시 기회가 온다"는 것이다. 기다리고 기다리다 보면 반드시 좋은 매물이 나온다. 생활맥주 강남역점, 용산한강대로점, 대학로마로니에점, 역삼역4번출구점, 성수역1번출구점 등은 유동 인구 많은 번화가에서 권리금 없는 매물을 찾아내 지금까지 성공적으로 운영하고 있는 매장들이다. 사업은 서두른다고 잘되지 않는다. 내가 원하는 구질의 공이 들어올 때까지 기다리는 것이 실패를 줄이는 길이다.

지금도 나는 '좋은 매물 찾기'가 생활화되어 있다. 부동산 검색이 취미가 된 셈이다. 평소 자주 가지 않는 지역에 일정이 생기면 약속 시간보다 20분 먼저 도착해서 주변을 산책한다. 하릴없이 걷다가 마음에 드는 건물을 발견하면 근처 부동산을 찾아가 매물이 있는지, 권리금은 어느 정도인지 문의한다. 어쩌다 운 좋게 권리금이 없는 매물이 걸리면 2~3일간의 조사를 거쳐 빠르게 임대를 결정하고, 새 직영점을 오픈하거나 가맹점을 내고자 하는 점주에게 제안한다. 저평가된 매물을 찾아내고 유리한 조건으로 협상을 하는 것만으로도 각 매장의 초기 투자 비용을 많이 줄일 수 있다. 투자 비용이 적어질수록 투자 회수 기간도 짧아지고, 브랜딩에 더 많은 자원을 투자할 수 있다.

주점 브랜드의
핵심 콘텐츠는 술이어야 한다

내 가게의 경쟁력은 무엇인가? 외식업 경영자는 핵심 메뉴를 소비자에게 어떻게 어필할지를 고민해야 한다. 그런데 신기하게도 국내 주점 브랜드 중에서 핵심 메뉴인 술을 경쟁력으로 내세우는 브랜드가 거의 없다.

보쌈 전문점이 보쌈으로 승부를 하듯 주점은 술로 승부를 보는 것이 정상이다. 주점 브랜드의 경쟁력과 차별성은 '술'에서 시작되어야 한다. 맥주 주점이라면 맥주에 대한 전문성을 갖고 다채로운 맥주 문화를 제공하는 것이 브랜드의 사명이자 브랜드의 경쟁력이라고 생각한다. 생활맥주는 소비자의 맥주 취향을 발견하는 안테나가 되고자 다채로운 맥주

라인업을 선보이고 있다. 생활맥주의 고객이라면 "난 라거를 좋아해"가 아니라 "난 '힘내라거'보다 '가평청춘라거'가 더 좋더라. 은은한 과일 향이 나서 맛과 향이 훨씬 풍부해! 라거인데 에일 같다고 할까. 하지만 일반적인 에일 맥주보다는 훨씬 청량해서 딱 내 취향이야!"라고 자신의 '라거 취향'에 대해 즐겁게 대화하기를 바라는 마음에서다. 때로는 맥주를 즐기지 않다가 생활맥주를 통해 수제 맥주를 경험하고 맥주를 좋아하게 된 경우를 만나기도 한다.

"원래 와인파였는데 '노이어Neuer'를 마셔보고 수제 맥주를 좋아하게 됐어. 맥주에서 이렇게 향기로운 향이 나고 묵직한 바디감이 있다는 것도 처음 알게 됐어. 노이어의 풍미에 반한 거지. 맥주 주점에서 마시던 일반 맥주와는 전혀 다르더라. 내가 맥주를 별로 안 좋아하던 게 아니라 맥주를 잘 몰랐던 거였어. 노이어를 좋아하게 된 후로는 새로운 종류의 맥주를 만날 때마다 마셔보게 돼"라고 자신의 맥주 취향을 찾게 된 지인의 경험담이 나에게 확신을 주었다. 국내에서는 '맥주' 하면 라거 맥주를 떠올리는 사람이 많고, 라거 맥주를 좋아하는 비율이 상당히 높은 편이다. 라거 맥주를 별로 안 좋아하는 취향일 뿐인데 스스로 맥주를 별로 안 좋아한다고 오해하는 소비자도 상당수다. 생활맥주는 그런 대중에게 국내 수제 맥주의 다양성을 알리고, 자신의 맥주 취향을 찾는 데 도움을 주는 플랫폼이 되고자 하는 것이다.

생활맥주가 론칭되기 이전에 사람들은 맥줏집에서 "오백한 잔 주세요"라는 말로 맥주를 주문했다. 주점에서 판매하는 맥주가 어떤 맥주인지에는 관심을 갖지 않았다. 거의 모든 주점이 비슷한 맛의 맥주를 판매했기 때문이다. 카스를 판매하는 주점과 하이트를 판매하는 주점을 구분해서 방문하는 고객은 거의 없었다. 맥주 문화라고 내세울 만한 것이 없었던 것이다.

외식업에 종사하는 1인으로서, 나는 국내 거의 모든 맥주 주점이 똑같은 맥주를 판매하는 것이 안타깝고, 한편으로 창피했다. 주점인데 술로써 경쟁하지 않았다. 국내 대부분의 주점이 비슷한 맥주를 판매하면서 맥주 외 다른 요소인 안주와 가격으로 경쟁하고 있었다. 맥주 주점이 인테리어나 서비스로 경쟁하는 경우는 그나마 낫다. 맥주 주점인데 가격 경쟁이 시작되었다면 이미 실패하고 있다는 증거다. 소비자에게 같은 맥주를 더 싸게 혹은 더 많이 공급하는 경쟁은 결국 오래가지 못한다.

간판에는 ○○맥주라고 쓰여있지만 맥주는 다른 집들과

똑같은 상업 맥주를 팔고, 안주는 어디서나 쉽게 접할 수 있는 간편한 안주 위주로 만들어진 주점들이 즐비하다. 애초에 정체성과 경쟁력은 매장 어디에서도 찾을 수 없다. 그저 저렴한 가격과 마케팅에 의존해서 가맹 사업을 전개할 뿐이다. 당연히 이런 브랜드는 오래갈 수 없다.

안주 경쟁도 크게 의미가 없다. 안주가 아무리 맛있어도 소비자 1인이 한 번에 소비할 수 있는 양은 한계가 있다. 나는 생활맥주를 창업하기 이전에 치킨 매장을 운영하면서 맥주 사업의 잠재력과 가능성을 엿보게 되었다. 치킨집을 경영하고 있는데 실제 수익은 치킨이 아닌 맥주를 통해 일어나고 있었기 때문이다. 소비자가 맥주를 얼마나 소비하느냐에 따라 객단가가 높아지고 낮아졌다. 그래서 나는 주력 아이템을 치킨에서 맥주로 바꾸기로 결심하고 생활맥주를 기획했다. 자신만의 맥주를 무기로 경쟁하는 브랜드가 국내 주점 시장에 거의 없었기 때문이다.

생활맥주는 맥주 중에서도 국내 수제 생맥주로 주종을 한정하고, 그 안에서 다양성을 추구하는 플랫폼으로 성장해왔다. 브랜드 정체성을 '국내 수제 생맥주'로 정했기 때문에 맥주 수입사들이 좋은 제안을 해와도 모두 거절했다. "생활맥주가 소비자의 맥주 취향을 찾아주는 안테나로서 기능하려면 판매하는 맥주가 최대한 다양할수록 좋은 거 아닌가요? 왜 수제 생맥주로 좁힌 건가요?"라고 묻는 이도 있다. 해외 맥주도 팔고, 수제 캔맥주도 팔면 생활맥주에서 판매하는 맥주의 종류가 더 다양해지는 것은 사실이다. 생활맥주가 굳이 '수제 생맥주'라는 핸디캡을 스스로 설정한 이유는 생활맥주의 아이덴티티를 더 뾰족하고 명확히 규정하기 위해서였다. 수제 맥주가 주목받지 못했던 국내 주점 시장에서 소비자에게 생활맥주를 뚜렷하게 각인시키기 위해서 '국내 양조장에서 만든 신선한 수제 생맥주'라는 정체성을 깊게 파고드는 전략을 선택했다. 결과적으로 국산 수제 생맥주만 취급한다는 정책은 파트너 제조사들에게도, 소비자에게도 좋은 이미지를 심어주었다.

특정 문화를 발전시키기 위해서는 다채로운 콘텐츠가 존재해야 하고, 문화를 즐기는 사람이 많아야 한다. 맥주 산업이 발전하기 위해서는 맥주 문화 저변이 확대되어야 하고, 맥주 문화가 꽃피우기 위해서는 소비자가 즐겁게 경험할 수 있는 맥주가 다양해야 하는 것이 필수 조건이다. 생활맥주는 맥주를 기획하고 제조하고 네이밍하고 유통하고 마케팅하는 등 전 과정을 리드하면서 다채로운 맥주 콘텐츠를 만드는 것에 자부심을 갖고 있다.

다시 강조하지만, 주점 브랜드라면 술로 승부해야 한다. 생활맥주는 수제 맥주에 의한, 수제 맥주를 위한, 수제 맥주의 주점 브랜드로서 수제 맥주의 경쟁력을 끊임없이 성장시켰기에 치열한 외식 업계에서 존재감을 드러내고 살아남을 수 있었다. 생활맥주의 목표는 '대체 불가한 수제 맥주 플랫폼'이다. 맥주 애호가들이 '만약 생활맥주가 없어지면 수제 맥주를 어디서 마시지?'라고 걱정할 정도로 독보적인 브랜드가 되는 것이 목표였다. 생활맥주가 제공하는 다채로운 수제맥주를 경험해 본 소비자는 더 이상 "500cc 주세요"라고 말하던 예전으로 돌아가지 못할 것이다. 맥주 마니아들에게 생활맥주를 경험하기 이전과 이후의 세계는 달라야 한다고 생각했다. 생활맥주는 소비자에게 기존에 경험해보지 못한 전혀 다른 맥주의 세계를 제공하기 위해 끊임없이 다양한 방식으로 맥주 콘텐츠를 개발하고 있다.

모든 대박집의
시그니처 메뉴는 3개 이하다

드라마 〈굿 파트너〉에서 한 신입 변호사가 맥주와 안주의 조합을 읊는다. 동료 변호사와 저녁을 먹을 때마다 "막맥, 막창에 맥주!", "껍맥, 껍데기에 맥주!", "뼈맥, 뼈해장국에 맥주!", "오늘은 짜맥입니다. 짜장면에 맥주!"라며 안주와 맥주 조합을 리드미컬하게 외치는 것을 보고, '그렇지, 맥주는 웬만한 음식과 다 잘 어울리지!'라는 생각이 드는 한편으로 '여전히 맥주는 주점이 아니라 음식점에서 마시는구나'라는 사실을 새삼 깨달았다. 그도 그럴 것이 어디서나 똑같은 맥주를 판매하기 때문에 소비자는 맥주가 아닌 안주를 골라 식당을 정하는 것이다.

그래서 생활맥주는 핵심 아이템을 '국산 수제 생맥주'로 정하고, 주류를 다양하게 제공해 맥주 마니아를 공략했다. 앞서 여러 번 얘기했듯이, 주점이라면 메뉴가 아니라 주류의 경쟁력으로 승부해야 한다. 바꿔 말해서, 주점 브랜드가 술의 종류를 다채롭게 구성하면서 경쟁력을 갖춘다면 메뉴의 종류는 많을 필요가 없다. 특히 창업 시기의 메뉴는 10개이하가 적당하다. 생활맥주가 1호점을 론칭했을 당시 안주 메뉴는 단 5가지뿐이었다. 안주의 종류를 최소화한 이유는 생활맥주가 프랜차이즈 브랜드로 발전하려면 메뉴의 종류도, 레시피도 간소해야만 전 지점의 메뉴 퀄리티를 관리하기가 쉬울 것이라고 생각했기 때문이었다. 또한, 메뉴의 종류를 적게 설계하면 가게를 효율적으로 운영하게 되는 이점도 있다.

메뉴의 종류가 많아지면 구입해야 할 식재료의 종류가 많아지고, 이것은 곧 복잡한 재고 관리를 의미한다. 식재료는 보관 기간이 짧기 때문에 재고는 곧 폐기 처분되고, 식재료 폐기율이 높아지는 만큼 수익률은 떨어지게 된다. 메뉴의 종류가 적을수록 수익률은 높아진다고 볼 수 있다. 또한, 메뉴가 많으면 주방 운영도 복잡해진다. 숙련된 주방 경력자 혹은 조리 인력이 필요하고, 주방 동선도 복잡해지고, 때로는 주방의 규모를 늘려야 할 수도 있다.

몇몇 프랜차이즈 브랜드가 복잡한 메뉴 구성을 가지고 있으면서도 간단한 조리라고 홍보하는 것을 보게 되는데, 대부분 시중에 흔히 유통되는 반조리 제품을 판매하는 경우가 많다. 공장에서 대량 생산하는 반조리 식품은 대체로 특색이 없고, 경쟁력이 떨어진다. 어디서나 맛볼 수 있는 메뉴 개수를 늘려 소비자에게 제공한다고 해도 경쟁력을 갖기 힘들다.

단, 메뉴의 종류가 적을수록 핵심 메뉴가 강력해야 한다. 작은 규모의 브랜드일수록 메뉴의 개수를 최소한의 숫자로 정하고 메뉴 하나하나의 전문성과 깊이를 더해야만 경쟁력이 높아진다. 생활맥주는 '국내 수제 생맥주'를 주력 아이템으로 선정했기 때문에 어떤 안주를 곁들이느냐에 따라 브랜드의 성격이 달라졌다. 안주 메뉴의 가격대를 높이면서 생활맥주의 콘셉트를 프리미엄 주점으로 설계할 수도 있었지만, 나는 보다 많은 대중이 수제 맥주를 즐겼으면 하는 바람이 컸기 때문에 핵심 메뉴를 '치킨'으로 정하면서 합리적인 가격대로 수제 맥주를 제공하는 '치맥집'으로 콘셉트를 정했다.

다만, 생활맥주의 치킨은 맥주와 최고의 궁합을 이루는

치킨이어야 했다. 이런 고민 끝에 탄생한 '매운 치킨'인 '앵그리버드'는 향과 맛이 풍부한 국내 수제 생맥주와 잘 어우러지면서 맥주 마니아와 치킨 마니아를 동시에 사로잡았다.

맥주에 어울리는 '매운 치킨'이라는 강력한 메뉴를 중심으로 서브 메뉴들을 결정했다. 간혹 "메뉴가 더 있었으면 좋겠다"는 고객의 요청이 있었지만, 메뉴 구성은 생활맥주 전체 매장이 100개가 될 때까지는 보수적으로 운영했다. 사실상 '앵그리버드'가 매출의 대부분을 차지했고, 서브 메뉴의 수요는 많지 않았기 때문이다.

많은 자영업자들이 장사가 잘 안되면 손님의 한마디에도 마음이 흔들린다. '우리 집 메뉴 종류가 부족해서일까?'라고 판단하면서 메뉴의 종류를 하나하나 늘리게 되는데, 메뉴의 종류를 늘리기 전에 핵심 메뉴가 잘 팔리도록 레시피를 점검하는 것이 먼저다. 가장 많이 팔리는 핵심 메뉴를 더 맛있게 만드는 것이 더 많은 손님을 만족시키는 길이다. 간혹 더 많은 손님을 확보하기 위해 연관성 없는 메뉴를 추가하는 음식점들을 보면 안타까운 마음이 든다.

생활맥주가 11년 동안 성장하면서 메뉴 종류도 20개에 달할 정도로 많아졌다. 앵그리버드가 인기를 얻으면서 레드, 블랙, 크런치까지 다양하게 변형되었고, 어묵 떡볶이와 바삭

황태 구이 등 종류도 다양해졌다. 새로운 맥주를 선보일 때는 과감했지만, 메뉴를 늘릴 때만큼은 신중하게 결정했다. 신메뉴가 기획되면 직영점에서 가판매를 하면서 최소한 한 달 정도 테스트를 거친 후 고객의 반응이 좋은 메뉴로만 출시했다. 신메뉴를 출시했다가도 고객의 반응이 별로다 싶으면 과감하게 없앤다. 그것이 생활맥주 전 지점을 효율적으로 운영하는 길이기 때문이다.

가맹점이 늘어나면 가맹점주들이 각기 원하는 메뉴를 출시해달라고 본사에 요청하는 경우가 많아진다. 돈가스, 짬뽕탕, 황도, 먹태 등 요청하는 메뉴는 제각각이다. 상권이 다르고, 타깃 고객층이 다르니 요청하는 메뉴도 저마다 다르다. 그런데 프랜차이즈 본사가 가맹점의 요구에 귀 기울인다고 해도, 이 모든 요구를 수용할 수는 없다. 주변에서 흔히 접할 수 있는 음식을 메뉴로 추가하는 것은 아무 의미가 없기 때문이다. 이미 대중에게 인기가 있는 음식을 메뉴로 추가하는 것은 그 메뉴를 전문으로 취급하는 곳을 경쟁자로 추가하는 것과 같다. 경쟁력이 없는 메뉴를 추가하면서 경쟁자를 추가할 필요는 없는 것이다. 메뉴가 많다고 매출이 느는 것은 아니다. 오히려 비교되는 경쟁상대만 늘어날 뿐이다.

    혹자는 "생활맥주는 메뉴 종류를 많이 개발했는데, 왜 창업하는 사람에게는 메뉴 종류를 적게 구성하라고 하나요?"라고 반문할 수도 있다. 내가 만약 생활맥주를 다시 시작한다고 해도 창업 메뉴는 5개 남짓으로 구성할 것이다. 규모가 작을수록 메뉴의 종류는 적어야 한다. 수십 년간 사랑받는 노포들은 대체로 경쟁력 있는 단출한 메뉴 구성으로 사랑받고 있다. 메뉴의 수는 중요치 않다. 우리 매장이 새롭고 경쟁력 있는 메뉴를 소비자에게 서비스하고 있는지가 중요하다.

작게 창업해서
크게 확장하라

창업가들에게 내가 꼭 빼놓지 않는 조언이 작게 시작하라는 것이다. 크게 성공하고 싶다고 해서 매장을 크게 시작할 필요는 없다. 작게 시작해도 사업이 잘되면 2호점을 내거나 매장 규모를 넓히면서 사업을 확장하면 된다.

개업 시에는 사업의 모든 위험 요소를 대비해 작게 시작하는 것이 효율적이다. 사업을 시작할 때는 예측 불가능한 외생 변수를 극복할 수 있는 여유 자금이 반드시 필요하다. 사업이 기대한 대로 운영되지 않더라도 1년 정도 버틸 수 있는 자금과 마케팅 비용을 예치하고 개업해야 한다. 간혹 음식점을 준비하면서 인테리어에 모든 자원을 쏟아붓는 경우를 종종 보게 된다. 막상 음식점이 멋지게 완성되어 개업을 했는데 홍보 비용이 부족해서 멋진 인테리어를 자랑할 수가 없는 경우를 마주하면 안타깝기 그지없다. 여유 자금이 부족하니 손님에게 서비스하는 것에도 인색하게 된다. 음식점을 개업했는데 사장이 손님과의 진정한 소통보다 빠른 시간 내에 투자 자금을 회수하는 데에만 골몰해 있다면 그 음식점은 성공하기 어렵다. 음식점이 아무리 멋져도 손님은 알아서 찾아오지 않는다. 또한, 찾아온 손님에게 후한 서비스가 없으면 재방문을 기대하기는 어렵다.

물론 작게 창업하라는 조언은 자금 때문만은 아니다. 나는 자원이 충분하더라도 첫 매장은 작게 시작하기를 권한다. 매장의 규모가 작을수록 다양한 시도를 하는 데 부담이 없기 때문이다. 시행착오를 하더라도 사업 손실이 크지 않으니 매장 운용의 범위가 넓어진다.

1년 치 예약이 차 있을 정도로 인기가 많은 유용욱바베큐연구소도 남영동 아케이드의 작은 매장에서 시작했다. 찾아내기도 힘들 정도로 후미진 곳에 위치했던 이 음식점은 '바베큐에 있어서 한국 최고'라는 평을 얻을 정도로 바베큐에 진심이었던 유용욱 대표가 '바베큐'를 메인으로 한 작지만 전문성이 남다른 바베큐 파인 다이닝을 선보이며 지금의 명성을 얻게 되었다. 작은 원테이블 레스토랑으로 시작되었지만 지금은 인플루언서는 물론 유명인사들도 예약하기 힘들 정도로 인기가 많아져 강남으로 확장 이전해 성업 중이다. 나는 유용욱바베큐연구소야말로 작게 시작해서 크게 성공한 대표적인 성공 창업 사례라고 생각한다. 작은 매장에서 오너의 전문성을 살려 한 가지 메뉴에 집중해 작게 성공한 후 점점 크게 확장하는 전략이 가장 안전하고 확실한 성공 창업 전략이라고 생각하기 때문이다.

생활맥주도 브랜드 창업 초기부터 '작은 매장으로 충분히 먹고살 수는 없을까?'라는 답을 찾고자 했다. 생활맥주 1호점을 10평 매장으로 정한 이유는 작은 매장의 효율성을 실험해보고 싶어서였다. 10평 규모의 작은 매장을 아르바이트 스태프 1명과 함께 운영한다면 수익률이 얼마나 높아질 수 있을지를 확인하고 싶었다. 가맹업자 대부분이 1인 창업가로 파트타임 아르바이트 스태프 1~2명과 가게를 운영한다. 하나의 매장을 운영하는 데 최소한 2명의 작업자는 필요하기 때문에 최대 2명 인원으로 최대 수익률을 낼 수 있는 방법을 작은 규모의 매장에서 찾고자 했다. 10평 정도의 작은 매장에서도 효율을 높여 수익을 올릴 수 있는 방안을 여러모로 연구했다. 가장 좋은 방법은 객단가를 높이고 회전율을 높이는 방법이라고 생각했다. 맥주 한 잔에도 지불할 만한 가치를 제공해 제값을 받고, 고객 스스로가 다양한 맥주를 탐험하게 만드는 방식이다. 이 전략을 통해 10평짜리 여의도 1호점은 한 달 순이익이 2천만 원을 넘을 정도로 성공을 거두었다.

매장 규모가 커진다고 해서 수익률도 높아지는 것은 아니다. 오히려 수익률은 떨어진다. 인건비를 비롯한 매장 운영 비용이 상승하기 때문이다. 게다가 매장이 크면 초기 비용도 크다. 자금이 빠듯한 상태에서 매장을 크게 설계하면 손익분기점에 이르기도 전에 사업이 위기를 맞게 될 수도 있다.

만약 사업 자금을 마련할 방법이 없다면 개업을 늦추는 게 낫다. 개업할 자금을 모을 때까지 식당에서 일을 하며 외식 사업을 경험해보는 것이다. 사업 자금이 충분하더라도 외식 사업을 경험하기 위해 음식점에서 일해보는 것이 좋다. 2~3년 정도 시간을 투자해서 외식 사업 경험을 충분히 익히고 점장이나 매장 매니저가 될 수 있다면 실제로 음식점을 경영하는 데 큰 도움이 될 것이다. 스태프로 일하면서 경험을 쌓는 것과 매니저로 일하는 것은 매우 다르다. 사업 전반에 거시적인 안목을 갖게 되고, 인력 관리를 미리 경험할 수 있다. 막상 사업을 시작하면 인력 관리가 매우 어렵다는 것을 깨닫게 된다. 이런 경험을 월급을 받으며 미리 해볼 수 있다는 것은 큰 장점이다. 실제로 생활맥주의 직원으로 근무하다가 생활맥주의 가맹점주가 된 사례들이 있는데 모두 성공적이었다.

Part

3

작은 브랜드의

브랜딩은 달라야 한다

치열한 외식 업계에서
생존하는 마케팅

외식업의 마케팅은 어떻게 달라야 할까? 나는 초보 창업가들에게 "마케팅 비용을 월세라고 생각하라"고 말한다. 마케팅 비용을 고정 비용으로 생각하고, 끊임없이 마케팅을 지속하라고 얘기한다. 마케팅은 특정 시기에 집중해야 할 홍보 활동이 아니라 매장 청소나 설거지처럼 음식점을 운영하는 데 필요한 기본 업무이기 때문이다.

매장에 신규 고객을 끊임없이 유입시키려면 체험단 마케팅을 비롯한 지속적인 노출이 필요하다. 매월 끊임없이 노출시키는 전략을 취해야만 신규 고객도 끊임없이 유입된다. 그런데 마케팅을 통해 신규 고객이 매장을 방문할 수는 있지만, 지속적인 방문을 보장해주진 않는다.

나는 외식업 마케팅의 궁극적인 목적은 고객의 만족에 있다고 생각한다. 나의 브랜드를 소비자에게 이해시키고 공감을 이끌어내는 것이 마케팅이다. 작은 음식점은 대기업처럼 브랜드 전략을 앞세우기보다는 내 브랜드가 고객을 얼마나 사랑하는지 알리는 것이 훨씬 효과적이라고 생각한다.

작은 외식 브랜드일수록 소비자 공감을 이끌 수 있는 서비스 마케팅이 중요한 것이다. 예를 들어, 이벤트를 한다면 고객에게 감사한 마음을 전달하는 동시에 실제로 고객에게 혜택이 돌아가는 이벤트를 해야 한다. 그저 눈길을 끌기 위한 이벤트는 아무런 의미가 없다. 또한, 방문할 때마다 감동을 줄 수 있는 친절한 서비스가 더 효과적인 마케팅이라고 생각한다. 외식업에서는 서비스가 최고의 마케팅이기 때문이다.

인플루언서 마케팅과 같은 홍보성 바이럴 마케팅은 손님을 끌어들이는 마중물에 지나지 않는다. 무엇보다 손님에게 관심받고 사랑받으려는 의도로 진행하는 단기적 마케팅으로는 브랜드가 오래 사랑받기 어렵다. 고객에게 지속적으로 사랑받고 싶다면 반대로 생각해야 한다. 브랜드가 먼저 '고객을 사랑하는 방법'에 대해 연구하는 것이다. 내 가게를 찾아주는 손님에게 집중하고, 손님이 좋아할 기획을 끊임없이 고민해서 서비스를 제공해야 한다.

생활맥주의 마케팅 원칙을 단 하나의 문장으로 표현하자면 '생활맥주는 맥주 덕후의 팬이다'라고 할 수 있다. 생활맥주는 '맥주 덕후'와 대중의 사랑을 받기 위해서 태어난 브랜드가 아니라 '맥주 덕후'를 사랑하는 마음에서 태어난 브랜드이기 때문이다. 태생적으로 '맥주 덕후 우선주의'가 브랜드의 비전이고 철학이기 때문에 생활맥주는 브랜드 인지도를 높이는 마케팅에 앞서 '맥주를 좋아하는 사람들을 위해 어떤 활동을 해야 할까'를 고민해왔다. 전국 각지의 실력 있는 수제 맥주 양조장을 생활맥주 주요 매장에서 소개하는 '마시자! 지역 맥주' 이벤트나 '맥주에 소주를 무료로 타 주는 서비스'는 모두 '획기적인 이벤트로 생활맥주를 브랜딩하자'는 목적에서 시작된 것이 아니라 '맥주를 사랑하는 사람들을 위해 생활맥주가 할 수 있는 일'을 찾는 데서 시작된 것이다.

생활맥주는 오픈과 동시에 지금까지 '소비자에게 먼저 다가간다'는 원칙을 지켜왔다. 자세히 설명하자면 '마시자! 지역 맥주' 이벤트는 전국의 실력 있는 수제 맥주 양조장을 소개하는 행사다. 소비자들이 직접 양조장에 가지 않아도 생활맥주 주요 매장에서 해당 양조장의 다양한 맥주를 경험할 수 있다. 또한, '마시자! 지역 맥주' 행사 기간에는 소비자가 양조장의 양조사를 직접 만나 양조장의 비하인드 스토리를 들으며 맥주를 시음하는 '밋 더 브루어' 이벤트도 함께 진행한다. 생활맥주는 '마시자! 지역 맥주'를 통해 갈매기브루잉, 브루어리 304, 아트몬스터 등 전국의 26개 수제 맥주 양조장을 소개했다. 이 행사도 '양조사와 함께 맥주를 시음하면서 맥주 얘기를 할 수 있다면 맥주 덕후들이 얼마나 좋아할까?'라는 마음에서 시작됐다. 사실 수제 맥주에 아무리 관심이 많아도 양조장을 직접 찾아 수제 생맥주를 경험하기는 쉽지 않다. 양조장은 대체로 지방에 위치해서 접근성이 떨어지고, 매장을 운영하지 않는 양조장은 개인 소비자를 응대하기가 어렵기 때문이다. 특히 작은 양조장일수록 소비자와 연결되기가 어렵다. 소비자를 만나고 싶어 하는 양조장의 마음과 평소 관심 있던 양조장의 생맥주를 경험하고 양조사를 만나고 싶어 하는 소비자의 마음, 이 두 마음을 연결한 것이 생활맥주다.

'맥주에 소주를 무료로 타 드리는 서비스'도 '손님이 얼마나 좋아하실까?'라는 생각에서 시작됐다. 사실 '맥주에 소주를 무료로 타 드리는 서비스'를 진행하기까지 고민이 많았다. 소주라는 주종 자체가 '대한민국 수제 맥주 플랫폼'이라는 생활맥주의 정체성에 어긋나기 때문이다. 생활맥주가 오픈하면서부터 손님에게 "소주는 없나요?"라는 질문을 받았다. 대한민국 술 애호가들 중 소주만 마시는 수도 상당하다. 국내 주점에서는 대체로 맥주와 소주를 함께 판매하는데, 생활맥주에는 소주가 없으니 '맥주 덕후'와 함께 방문한 많은 손님이 "생활맥주에는 소주가 없다"며 아쉬워했다. 그래서 생각해 낸 방법이 '맥주에 소주를 무료로 타 드리는 서비스'였다. '소맥'을 원하는 소비자에게 소주를 공짜로 타 드리는 서비스를 시작하기로 결정한 것이다. 생맥주만 취급하는 생활맥주의 정체성도 지키면서 소비자의 요청에도 응하고 싶었기 때문이다. 원가를 계산해보니 '소맥'에 타는 소주 비용 정도는 서비스 비용으로 책정해도 되겠다는 판단이 섰고, '소주를 무료로 타 드리면 손님이 얼마나 기뻐하실까?'라는 생각을 하니 나도 괜스레 기분이 좋아져 기꺼이 소주를 무료로 타 드리는 서비스를 하겠다고 결심하게 되었다. '소주, 그거 얼마 한다고!'라는 캐치프레이즈로 '맥주에 소주를 무료로 타 드리는 서비스'를 시작하자마자 고객의 반응은 뜨거웠다.

'맥주에 소주를 무료로 타 드리는 서비스'는 '소주 소비자

까지 생활맥주에 끌어들이겠다'는 의도로 만들어진 서비스
가 아니다. 생활맥주의 주 고객은 소주 마니아가 아니다. 다
만, 맥주와 소주를 동시에 좋아하는 소비자, 소주를 좋아하
는 지인과 함께 맥주를 마시고 싶은 소비자를 고려한 결정
이었다. 그런데 이 서비스가 "생활맥주는 맥주에 타는 소주
가 무료!"라는 입소문이 돌면서, 결과적으로 생활맥주를 술
애호가들에게 널리 알릴 수 있었다. 고객을 사랑하는 마음으
로 기획한 서비스가 입소문이 나면서 생활맥주의 '팬덤'을
형성시킨 것이다. 나는 '맥주에 소주를 무료로 타 드리는 서
비스'를 통해 브랜드가 고객을 진심으로 사랑하면 고객들도
브랜드의 마음을 알아준다는 것을 생생하게 느꼈다.

　'손님에게 집착하는 서비스' 혹은 '손님을 사랑하는 마음
으로 시작한 마케팅 기획'이라고 하면 막연하게 느껴질 수
도 있지만, 사실 손님에게 집착하는 서비스는 그리 어려운
것이 아니다. 손님에게 먼저 "안녕하세요?"라고 인사하는 것
이 외식 서비스의 시작이다. 생활맥주의 냅킨에는 "와줘서
고마워요"라고 프린트되어 있는데, 이 역시 수많은 음식점
중에 내 가게에 와주신 손님에게 진심으로 고마움을 전달하
고 싶어서 만든 문구다. 신메뉴를 개발할 때도 항상 소비자
를 먼저 생각한다. '신메뉴가 잘 팔릴까?' 혹은 '이 메뉴는 얼

마나 남을까?'가 아니라 '맥주 마니아들이 좋아할 만한 메뉴일까?', '손님이 얼마나 좋아하실까?', '손님이 납득할 만한 가격인가?'를 먼저 생각하는 것이다. 이렇게 소비자를 떠올리면서 만든 메뉴는 대체로 손님들에게 인기가 많다. 생활맥주의 공간 브랜딩과 음악 브랜딩도 브랜드의 세련된 감각을 뽐내고 싶어서 만든 콘셉트가 아니다. 1960년대 빈티지 콘셉트의 공간과 1960~1980년대 팝과 록을 중심으로 한 플레이리스트는 고객이 생활맥주에 와서 즐겁게 맥주를 마시고 지인들과 흥겹게 대화를 나누기를 바라는 마음으로 기획했다. 소비자가 사랑할 수 있는 공간을 만들고 싶었다. 생활맥주가 다채로운 수제 맥주를 기획한 것도 맥주 주점에서 카스와 하이트만 마시던 맥주 덕후들에게 더 많은 선택지를 서비스하기 위해서다.

마케팅은 브랜드를 위한 활동이 아니라 철저하게 고객을 위한 활동이 되어야 한다. '소비자가 무엇을 좋아할까?', '우리의 고객을 위해 브랜드가 할 수 있는 것이 무엇일까?'를 고민하다 보면 자연스럽게 브랜드에 맞는 마케팅 전략이 형성되고, 그 전략이 성공하면 팬덤이 형성된다.

페르소나 시점으로
브랜딩하라

생활맥주의 타깃은 퇴근길에 잠깐 들러 혼자서라도 진한 맥
주 한잔을 즐길 줄 아는 30대 중후반의 직장 남성이었다. 혼
자서 바에 앉아 음악에 맞춰 리듬을 타며 자신만의 시간을
즐길 줄 아는 사람을 머릿속으로 그렸다. 맥주의 맛뿐 아니
라 향도 함께 즐기는 소비자, 자신의 맥주 취향이 확고한 소
비자 그리고 그 취향을 얘기할 수 있는 소비자, 혼맥을 즐기
는 소비자가 타깃이었다. 그런 소비자야말로 "내가 너희에
게 맥주 맛을 알려주마", "맥주 즐기기 좋은 맥줏집으로 가
자"라면서 주변인을 생활맥주로 이끌어줄 수 있으리라 생
각했기 때문이다. 생활맥주의 페르소나는 "그 동네 맥줏집

아무 데나 가자" 방식으로 약속 장소를 정하는 타입이 아니라 "꼭 가봐야 할 맥줏집이 있으니 거기로 가자"라고 리드하는 타입의 음식점 의사 결정자였다. 생활맥주가 상권에 크게 개의치 않고 여의도 진주상가에 1호점을 차릴 수 있었던 것도, 가맹 1호점을 한남동의 뒷골목에 오픈할 수 있었던 것도 브랜드의 페르소나가 확실했기 때문이었다.

생활맥주의 공간 콘셉트도, 음악 콘셉트도 내가 머릿속에 그린 페르소나를 상상하면서 결정했다. 생활맥주는 매장마다 테이블 자리 말고도 바 자리를 마련하고 있는데, 이는 생활맥주에 혼자 방문하는 손님을 상상하며 만든 자리다. 생활맥주는 저녁에 가볍게 생맥주 한잔하고 싶은 '혼맥' 손님들을 위한 공간으로 기능하고자 조명도 따뜻하지만 적당히 어둡게 조도를 맞추었다. 또한 생활맥주의 페르소나는 감각적인 음악에 반응하고, 어릴 때부터 팝 음악을 들으며 자랐고, 음악을 듣기 위해 LP바에 가본 적이 있고, 음악 얘기를 좋아하며, 무엇보다 술자리 무드에 맞는 플레이리스트를 가진 주점을 선호하는 타입이다. 음악이 술자리의 분위기에 미치는 영향을 민감하게 느끼는 페르소나를 위해 생활맥주는 유행가가 아닌 미디엄 템포의 올드 팝을 플레이리스트로 구성했다. 만약 내가 생활맥주를 기획하면서 머릿속에 페르소나를 구체적으로 그리지 않았다면 지금의 플레이리스트가 아니었을지도 모른다.

브랜드의 페르소나가 명확하면 브랜딩의 방향성을 결정할 때도, 마케팅 전략을 구상할 때도, 작게는 고객 서비스나 캠페인을 기획할 때도 결정하기가 쉬워진다. '내 브랜드의 페르소나가 좋아할까?'에 대한 답만 구하면 되기 때문이다. 아무리 재미있는 기획도 브랜드의 페르소나가 좋아할 만한 기획이 아니라면 과감하게 포기한다. 대신 맥주 마니아가 좋아할 만한 기획을 생각한다. 예를 들어, 뉴잉글랜드 아이피에이New England IPA나 사우어 에일도 맥주 마니아를 위한 기획이었다. 많은 대중이 좋아할 만한 맥주가 아니어서, 매출만 생각한다면 출시하지 않는 게 이득이다. 하지만 생활맥주의 페르소나인 맥주 마니아는 다양한 맛의 맥주를 경험해보길 원할 것이기 때문에, 생활맥주도 페르소나의 취향에 부응하기 위해 개성이 넘치는 맛과 향의 맥주를 출시한다. 대중적으로 큰 인기가 없는 아이템이라도 브랜드의 페르소나가 원한다면 서비스할 만한 가치가 충분하다고 생각하기 때문이다.

브랜드의 페르소나를 결정할 때는 드라마의 주인공을 설정하듯이 매우 구체적이어야 한다. 나이, 경제력, 취향, 퇴근

후 주요 일과, 취미, 영화 취향, 주말의 라이프 스타일, 필요하다면 성별까지 페르소나가 명확하고 구체적일수록 브랜드의 정체성이 확고해진다. 간혹 "저희 브랜드는 20대부터 50대까지 전 세대를 아우르는 브랜드입니다"라고 말하는 예비 창업가를 만날 때가 있다. 솔직히 모든 창업가의 마음이 그럴 것이다. 전 세대가 좋아하는 브랜드로 키우고 싶은 욕심이 왜 없겠는가. 그런데 전 세대를 아우르는 브랜드는 흔치 않다. 브랜드는 페르소나 세대의 문화에 맞게 접근해야 한다. 20대를 잡으려면 20대가 좋아하는 TV 프로그램, 20대가 좋아하는 스타를 공략해야 하고, 50대를 잡으려면 50대의 관심사와 그에 맞는 마케팅 전략을 세워야 한다. '국민 브랜드'가 되고 싶다는 말은 개성 없이 평범한 브랜드가 되겠다고 각오를 다지는 것과 같다.

현재의 생활맥주 소비자는 30대 중반 직장인에 한정되지 않는다. 브랜드가 10년 남짓 성장하면서 생활맥주를 사랑해 주는 소비자의 나이도, 취향도 범위가 넓어졌다. 생활맥주는 현재 20대부터 60대까지 폭넓게 사랑받으며 성장하고 있다. 그렇다고 해서 생활맥주의 페르소나가 2060 세대로 확장된 것은 아니다. 생활맥주의 페르소나는 그대로다. 페르소나는 곧 브랜드의 정체성이기에 함부로 바꿔서는 안 되며,

페르소나를 지키는 것은 브랜드의 문화를 지키는 것과 같다. 협소하거나 매장 상황에 따라 바 자리를 없앤 매장도 있지만, 여전히 대부분의 매장에서 바 디자인을 유지하고 있다. 플레이리스트도 주기적으로 업데이트되지만 여전히 1960~1980년대 팝 음악을 위주로 구성되어 있다.

'페르소나에 갇혀서 소비자 타깃이 너무 좁아지는 것이 아닐까?'라고 반문할 수도 있다. 브랜드가 페르소나와 정체성을 지킨다고 해서 소비자층이 확장되지 않는 것은 아니다. 오히려 정체성이 명확할수록 팬덤이 활성화되고, 그에 따라 고객층도 넓어진다. 론칭 초기에는 브랜드의 페르소나와 같은 취향의 소비자가 브랜드를 알아보고 사랑하지만, 페르소나에 맞추어 브랜드의 문화를 꾸준히 구축하다 보면 페르소나의 라이프 스타일을 동경하는 소비자가 늘어나게 마련이다. 생활맥주가 6080 올드팝을 들어본 30대 중반을 타깃으로 했지만, '온라인 탑골공원' 트렌드와 함께 6080 음악을 신선하게 느끼는 20대 소비자가 유입된 것처럼 말이다.

인플루언서는
단골이 아니다

많은 예비 창업가들이 '인플루언서 마케팅만 잘하면 사업이 성공하겠지'라고 생각하며 창업에 도전한다. 심지어 인플루언서들과 연이 있는 창업가들은 그에 기대어 음식점을 오픈하는 경우도 있다. 요즘은 음식점을 개업하면 블로그 체험단과 인플루언서를 초대해 가게를 홍보한다. 매장의 포토 스팟과 인스타그래머블한 비주얼의 음식을 인플루언서라는 메신저를 통해 대중에게 널리 알리기 위해서다. 대중에게 영향력을 미치는 파워 인플루언서의 효과는 무시하기 어렵다. 특히 '먹방'으로 유명한 방송인이 선택한 맛집에는 손님이 급증하고, 인플루언서가 맛있다고 인증한 음식은 매출이 껑충 뛴다.

꼭 유명 방송인이 아니라도 '먹방'에 식견이 있는 파워 인플루언서의 방문과 검증은 음식점을 평가하는 데 중요한 요소가 된다. 전혀 몰랐던 음식점인데 파워 인플루언서가 '숨은 맛집'이라고 인증해주면 당장이라도 찾아가고 싶은 마음이 생기는 것이다. 그래서 가게를 오픈할 때 혹은 가게 운영이 기대에 못 미칠 때에도 인플루언서를 통해 보다 많은 대중에게 내 가게를 알리고 싶은 욕망이 생긴다. '우리 가게 음식이 이렇게 맛있는데, 사람들이 몰라서 못 찾아오는 거야'라고 생각하기 때문이다. 일견 맞는 말이다. 빠르게 성장하고 싶다면 인플루언서를 통해 단기간 내 인지도를 높이고 고객을 확보하는 것이 좋은 방법이 될 수 있다. 문제는 자원이 한정적일 때이다. 과연 인플루언서 마케팅에 고비용을 할애하는 것이 가게 운영에 효율적일까? 외식업에서 신규 고객을 유입시키기 위해서는 끊임없는 마케팅이 필요하지만, 반드시 고비용을 투자해 인플루언서 마케팅을 해야 하는 것은 아니다.

안타깝게도 유명 인플루언서 마케팅의 효과는 그리 오래가지 않는다. 인플루언서는 단골이 아니다. 즉, 일회성 광고 콘텐츠에 지나지 않는다. 인플루언서가 추천한 음식점이 단기적으로는 폭발적인 관심을 받고 인기를 끌지만, 하루만 지나면 인플루언서의 인스타그램과 유튜브에는 다른 음식점을 소개하는 콘텐츠가 포스팅된다. 당연히 대중의 관심은 새롭게 공개된 콘텐츠에 쏠린다. 넘버원 맛집 탐방 먹방으로 손꼽히는 셀럽의 유튜브 콘텐츠에 소개되어도 신규 고객이 갑자기 늘어 음식점 앞에 줄이 길게 늘어서는 기간은 평균적으로 2~3달이고, 길어야 6개월 이후면 다시 이전의 모습을 되찾을 정도이다. 한때 선풍적인 인기를 끌었던 맛집 탐방 TV 프로그램도 마찬가지다. 방송에 언급되는 것 자체만으로도 엄청난 파급효과를 일으켰지만 대부분 한철 유행이었다. 게다가 인플루언서를 통해 방문하는 신규 고객은 대체로 일회성 손님이라는 특징이 있다. 인플루언서가 추천한 곳에 찾아가서 맛을 인증하고 인스타그램에 올린 직후 그 음식점에 대한 흥미를 잃는 경우가 많다. 인플루언서를 따라다니는 소비자의 상당수가 '새로운 것'에 대한 갈망이 많은 부류이기 때문이다.

생활맥주는 블로그 체험단을 진행하면서 리뷰를 관리하는 활동은 지속적으로 하고 있지만, 유명 인플루언서 마케팅은 지양한다. 다행스럽게도 생활맥주를 스스로 방문한 인플루언서들이 입소문을 내주었다. 공간 브랜딩과 브랜드 아이덴티티가 경쟁력이 있다면 인플루언서는 알아서 찾아와준다. 혹은 인플루언서에게 DM을 보내어 초대하는 방법도 있다. 다만, 인플루언서 마케팅을 진행하기 전에는 반드시 인플루언서를 통해 유입된 고객이 우리 매장에 지속 방문할 만한 충분한 매력을 갖추었는지를 체크해야 한다. 애초에 매장의 매력도가 떨어지면 인플루언서를 초대해봤자 효율이 떨어진다. 아마 돈 낭비라고 생각하게 될 것이다.

작은 브랜드일수록 고비용의 유명 인플루언서 마케팅이나 PPL보다는 매장 브랜딩과 단골 만들기에 집중해야 한다. 인플루언서를 통해 신규 고객을 유입시키는 것보다 중요한 것은 매장에 방문한 손님을 인플루언서 맞이하듯 대우해서 브랜드의 서비스에 감동한 고객이 자발적으로 홍보대사가 되도록 유도하는 것이다. 자원이 한정적일수록 인플루언서 마케팅보다는 고객 재방문을 높이는 프로모션에 투자해야한다. 할인 쿠폰이나 페이백 마케팅 등 다양한 프로모션으로 한 번 온 손님을 다시 오게 하는 것이 더 효율적이다. 인플루언서 효과는 짧지만 고객 감동의 효과는 오래간다.

작은 가게에도
팬덤이 필요하다

팬덤은 모든 브랜드의 생존에 무척 중요한 요소다. 특히 유행 주기가 매우 짧아진 외식 시장에서는 팬덤을 가진 브랜드가 아니면 살아남기 힘들다고 해도 과언이 아니다. 팬덤을 확보한 브랜드는 어지간한 외생 변수에는 영향을 받지 않는다. 팬덤은 쌓기도 어렵지만 쉽게 무너지지도 않기 때문이다. 한 번 형성된 팬덤은 강력한 무기가 된다.

요즘처럼 '금쪽같은 내 한 끼', '식부심', '식별력'이 외식업 트렌드인[7] 시대에 팬덤은 더욱 중요한 요소로 부상하고 있다. '그 맛이 좋아서', '그곳의 분위기가 좋아서', '브랜드의 정체성이 마음에 들어서' 등 각자의 이유로 팬들이 두 번, 세 번 다시 찾아가는 외식 브랜드는 주변 환경이나 트렌드의 영향에서 비교적 자유롭다. 그런데, 팬덤을 가진 음식점이 많지 않은 것이 현실이다.

팬덤의 핵심은 진정성이다. 대중이 관심을 가질 만한 콘텐츠를 많이 만든다고 해서 팬덤이 생기는 것은 아니다. 우연한 계기로 특정 브랜드에 관심을 갖게 된 소비자가 브랜드의 진정성을 깨달으며 진심으로 좋아하게 되는 것이 팬덤이다.

팬덤은 단순한 마케팅을 통해 만들어지는 것이 아니다. 어떤 어려운 일이 닥쳐도 브랜드가 정체성을 고집스럽게 지키는 모습을 보일 때, 그것이 서사가 되어 고객에게 감동을 줄 때 소비자는 비로소 브랜드의 팬이 된다.

생활맥주는 초창기부터 맥주 마니아가 좋아할 만한 이벤트를 끊임없이 기획하고 있다. 초반에는 "매출에 도움이 되지 않는 이벤트를 왜 하는 거예요?"라고 묻는 사람이 많았다. 창업 홍보, 매장 홍보에 매달리는 외식 브랜드와는 소비자와 소통하는 방식이 달랐기 때문이다.

매월 한정판으로 양조장에서 직배송해서 선보이는 초신선 맥주 노이어부터 밋 더 브루어, 탭 테이크 오버 행사 등은 매출엔 도움이 되지 않지만 맥주 마니아들을 열광시키는 행사였다. 단발성이 아닌 10년간 꾸준히 해온 덕에 많은 맥주 팬들이 생활맥주의 진정성을 느끼게 된 것이다.

맥주 마니아들은 생활맥주가 기획한 여러 행사에 함께하기 위해 앞다퉈 참여를 신청한다. 선착순으로 마감되는 이벤트 참여 신청에는 언제나 치열한 경쟁이 따른다. 그렇게 참가한 참가자는 열정적으로 행사에 참여하며 브랜드의 찐팬이 된다. 거의 모든 행사가 매출은커녕 큰 비용이 지출되는 이벤트지만, 나는 생활맥주가 성장하기 위해서는 맥주 마니아들과 진정성 있게 소통하고 싶었다. 맥주 마니아를 만족시키고, 생활맥주의 진정성을 알리는 것이 매우 중요했기 때문이다.

이런 노력들 덕분에 생활맥주는 두터운 팬덤을 형성하게 되었다. 만약 생활맥주가 매출에 집착한 이벤트와 쿠폰 프로모션만 해왔다면, 우리는 '맥주 마니아들이 자발적으로 형성한 팬덤'이라는 소중한 자산을 얻지 못했을 것이다.

생활맥주는 소비자에게 다양한 맥주 콘텐츠를 제공하는 데 주력한다. 생활맥주가 가장 신경 쓰는 콘텐츠는 맥주 마니아들이 즐겁게 소비할 수 있는 맥주 라인업이다. 맥주를 좋아하는 사람에게는 맥주 그 자체가 가장 즐거운 콘텐츠이기 때문이다. 다채로운 수제 맥주를 선보여 맥주 덕후들을 끌어들이고, 매월 새로운 맥주를 선보이며 생활맥주에 매월 1회 이상 방문해야 하는 이유를 제공한다. 전국의 양조장과 협업해 새로운 맥주 레시피를 개발하고, 맥주마다 위트 넘치는 이름을 지어서 소비자를 한 번 웃게 만들고, 디자인이 감각적인 맥주 포스터를 만들어 소비자와 즐겁게 소통하고자 한다. 생활맥주는 맥주 콘텐츠 면면에 위트를 넣어 맥주 팬들의 흥을 돋우고, 맥주 찐팬들이 '이번에는 어떤 맥주를 만날 수 있을까?'라고 기대하는 마음으로 와 주기를 바란다.

매월 초에 한정된 수량만 판매하는 초신선 맥주 '노이어'도 소비자에게 특별한 맥주를 제공하기 위해 기획된 이벤트이다. 양조장에서 맥주를 마셔본 경험이 있는 사람이라면 한결같이 "양조장에서 마시는 맥주가 가장 맛있다"고 말한다. 생산된 즉시 바로 마시는 맥주가 가장 신선하기 때문이다. 노이어는 양조장에서 갓 뽑은 맥주의 맛을 소비자에게 그대로 전달해보자는 취지에서 기획된 프로젝트다. 시중에서 흔히 접할 수 없는 최고 품질의 뉴잉글랜드 아이피에이를 생산한 즉시 매장으로 직배송해서 맥주가 최고의 컨디션을 유지할 수 있는 단 7일간만 판매하는 프로젝트이다. 이 프로젝트는 매월 초에 시작되는데, 어떤 때는 하루나 이틀 만에 모두 동이 날 정도로 소비자 반응이 뜨겁다. 원재료나 유통을 비용으로 따져보면 수익이 나지 않는 프로젝트지만, 맥주 마니아들에게는 짜릿한 경험이 될 것이 분명했기 때문에 매월 진행한다. 초신선 한정 맥주 '노이어' 프로젝트는 이제 생활맥주에서는 없어서는 안 될 중요한 행사로 자리 잡았다. 맥주 마니아들은 이 맥주를 놓치지 않기 위해 SNS에 '노이어 출시' 공지가 뜨기 무섭게 매장을 찾는다.

생활맥주는 소비자를 위한 활동뿐 아니라 국내 맥주 문화를 성장시키기 위한 활동도 지원한다. 'KCBC Korean Craft Brewers Club'라는 전국 양조사들의 모임을 결성해 국내 수제 맥주 산업을 발전시키기 위한 다양한 활동을 진행하고 있다. KCBC는 한마디로 '맥주 산업 동반성장 프로젝트'다. 양조사가 알아야 할 다양한 정보를 공유하는 세미나는 물론이고, 각 양조장이 경험한 다양한 노하우를 공유하면서 함께 발전하고 있다. 각자가 만들어온 맥주를 나눠 마시며 수제 맥주 네트워킹의 장으로 성장하고 있는 것이다.

이는 소비자를 끌어들이고 팬덤을 형성시키는 직접적인 활동은 아니지만, 한국 수제 맥주 문화의 발전을 진심으로 기원하는 생활맥주가 사명감을 갖고 진행해야 할 일이라고 생각하고 있다. KCBC의 세미나를 통해 양조사들이 끈끈한 네트워크를 갖고 서로에게 자극받으면서 함께 성장하면 국내 수제 맥주의 수준이 전반적으로 향상될 것이기 때문이다. 이것은 결과적으로 맥주를 사랑하는 모든 이가 좋아할 맥주 콘텐츠를 만드는 기반이 된다.

실제로 생활맥주는 KCBC를 기반으로 양조사들과 함께 '공동양조 프로젝트'라는 재미있는 실험을 시도했다. 공동으로 기획한 특정 스타일의 맥주를 각 양조장이 자신만의 개성을 살려 만들고 일정 기간 동안 돌아가며 생활맥주 주요 매장에서 판매하는 프로젝트다. 똑같은 스타일의 맥주임에도 양조장 저마다의 특색이 가미되는 것이 이 프로젝트의 묘미이다. 1탄은 '청룡맥주'였는데, 브루원을 비롯해 갈매기브루잉, 끽비어컴퍼니, 안동 브루어리, 앰비션 브루어리, 더랜치브루잉, 히든트랙브루잉, 태평양조, 브루어리304, 펀더멘탈 브루잉, 플레이그라운드 브루어리까지 총 11개의 양조장이 참여해서 프로젝트의 재미를 더해주었다. 예상했던 대로 맥주 마니아들의 관심은 뜨거웠다.

KCBC는 수제 맥주의 시장 참여자들이 스스로 맥주 산업을 발전시켜 나아가는 데 이바지하고자 한다. 우리가 몸담은 산업이기 때문에 정부나 사회에 도움을 요청하기 이전에 스스로가 경쟁력을 갖추고 산업 자체를 더 발전시켜야 한다고 생각하는 것이다.

무서울 정도로 소비자의 판단은 냉정하고 정확하다. 브랜드가 외면받고 있다면 그것은 누구의 탓도 아닌, '나'의 탓이라는 것을 깨달아야 한다.

팬이 아닌 소비자까지
끌어당기는 마케팅

요즘 음반 마케팅의 시작은 지코는 음반 마케팅에 '챌린지'를 활용해 큰 호응을 불러일으켰고, 이 때문에 방송 대기실에서 쉴 시간을 갖지 못하는 댄스 가수들에게 공개적으로 지코가 사과를 했을 정도로 챌린지는 음반 프로모션의 필수 항목이 되었다. 요즘 대중들은 컴백하는 가수의 뮤직비디오보다 챌린지를 더 기대한다. 별로 관심이 없었던 가수의 안무라도, 챌린지 콘텐츠 자체에 재미를 느끼는 것이다. 심지어 내가 좋아하는 가수가 타 가수의 안무를 챌린지하는 콘텐츠가 생성되면 몇 번이고 다시 보게 된다. 피처링도 마찬가지다. 최근 블랙핑크 로제의 〈APT.〉를 브루노 마스가 피처링하면서 전 세계적으로 이슈가 되었다. 로제도 멋진 아티스트지만 브루노 마스와 협업을 진행하면서 더 큰 관심을 모은 것만은 부정할 수 없다. 이렇게 협업의 힘은 파워풀하다. 팬덤과 팬덤이 합쳐질 뿐 아니라 팬이 아닌 대중도 콘텐츠를 소비하게 만드는 효과를 낳는다.

스타뿐 아니라 브랜드도 협업을 통해 이슈를 생산한다. 아이덴티티가 명확한 두 브랜드의 협업은 브랜드의 팬덤을 확장시키는 데 매우 효과가 좋은 마케팅 방법이다. 글로벌 테크 기업 애플과 명품 패션 기업 에르메스가 함께 만든 애플 워치처럼 이종업계의 협업뿐 아니라 동종업계의 콜라보레이션까지 다양한 협업이 이뤄지고 있다. SPA 브랜드인 H&M은 알렉산더 왕, 베르사체, 겐조, 마틴 마르지엘라, 시몬 로샤, ROKH 등 하이엔드 브랜드와 매년 콜라보레이션 컬렉션을 선보이고, 아디다스는 스포티앤리치와 협업 컬렉션을 선보이는 등 패션 기업이지만 서로 다른 타깃을 고객으로 가진 브랜드가 손을 맞잡고 스페셜한 컬렉션을 선보이는 것이다. 두 브랜드의 특성이 믹스된 협업 컬렉션은 두 브랜드의 팬덤을 공략할 뿐 아니라 팬이 아닌 사람의 시선까지도 끌어당기는 효과를 낳기 때문이다.

생활맥주도 수제 맥주의 저변을 넓히기 위해서 타 브랜드와 협업하거나 오프라인 행사를 주최하는 등 다양한 협업 이벤트를 선보였다. CJ제일제당 비비고에서 '팝만두'를 출시하면서 생활맥주에 협업을 제안했다. 생활맥주로서도 신메뉴를 원하는 고객에게 색다른 메뉴를 선보일 수 있고, 브랜드의 인지도를 넓히는 데도 도움이 된다는 판단으로 '봉다리福만두'라는 팝업 메뉴를 선보였다. 결과적으로 협업은 비비고에도, 생활맥주에도 성공적이었다. 비비고는 생활맥주를 통해 '팝만두'를 불특정 다수의 고객에게 경험시키면서 시장에 빠르게 자리 잡았고, 생활맥주 역시 새로운 메뉴로 고객에게 즐거움을 준 이벤트였다는 점에서 의미가 컸다. 그 이후 아이스크림 브랜드인 빨라쪼와 함께 '젤라또와 나초칩', 같은 해에 미미네 떡볶이와 함께 '미미네 생활 떡볶이', 청정원 호밍스와 함께 '바삭 비벼볼 만두', 펠트커피와 함께 '펠트포터' 맥주, 서울시스터즈와 함께 '앵그리버드 김치퀸', '김꽃동', 화깨수와 함께 '화깨수이다' 맥주 등 다양한 팝업 메뉴를 선보이며 소비자 저변을 넓혀왔다.

생활맥주는 브랜드와의 협업에 그치지 않고 오프라인 이벤트를 통해 팬덤을 넓히기도 했다. 2017년부터 2022년까지 요가 아카데미와 함께 '비어요가' 행사를 개최해 요가인들에게 수제 맥주의 매력을 알렸다. '비어요가'는 2015년에

베를린에서 선보인 행사였는데, 수 세기 동안 몸과 정신을 달래는 치유법으로 사용된 요가와 맥주를 결합한 행사였다. 나는 맥주를 들고 요가를 하는 행위가 재미있게 느껴져서 '국내에서도 비어요가 이벤트를 즐길 수 있으면 좋겠다'는 생각으로 한국식 비어요가 행사를 주최했다. 결과는 기대 이상이었다. 우리가 주최한 비어요가 이벤트는 김난도 교수의 베스트셀러 시리즈《트렌드 코리아 2018》에서 '나만의 케렌시아' 트렌드[8]로 소개되었을 뿐 아니라 공중파 방송국의 뉴스에서도 다룰 만큼 크게 이슈가 되었다. '비어요가' 행사는 요가인들에게 수제 맥주의 저변을 넓히고자 기획한 작은 행사였는데, 결과적으로 대중에게 생활맥주와 수제 맥주를 널리 알리는 계기가 되었다.

비어요가 이벤트가 기대 이상의 결과를 거두면서 나는 문화 협업 이벤트에 더 관심을 갖게 되었다. 가장 기억에 남는 것은 2022년에 진행한 '책맥 북토크' 이벤트이다. 베스트셀러《불편한 편의점》에 등장하는 가상의 맥주 '올웨이즈 맥주'를 생활맥주가 현실 맥주로 재현해 저자 김호연 작가와 독자와의 만남 이벤트에 제공하고 생활맥주 주요 매장에서도 한정판으로 판매했다. 책 속 '쌉쌀한데 시원한 맥주'를 재현하기 위해 독일 홉을 다량 함유한 '헬레스' 스타일로 완성된 '올웨이즈 맥주'는《불편한 편의점》을 사랑하는 독자들에게 화제가 되었다.《불편한 편의점》의 팬덤이 생활맥주로 확장되는 것을 경험하면서 나는 문화 콘텐츠의 강력한 힘을 다시 한번 느꼈다.

생활맥주가 이렇게 다양한 브랜드 혹은 문화 콘텐츠와 협업을 하는 궁극적 이유는 수제 맥주 문화의 저변을 넓히기 위해서다. 맥주에 열광하는 맥주 마니아뿐 아니라 맥주에 별로 관심이 없는 대중에게도 수제 맥주의 매력을 알리고 싶기 때문이다. 맥주 문화를 즐기는 대중이 많아질수록 맥주 문화는 더욱 발전하고 고도화된다. 국내에서는 '맥주' 하면 일반적으로 '라거 맥주'를 떠올리는데, 보다 많은 대중에게 맛과 향을 달리하는 맥주가 수백 가지나 존재하고, 그중에 자신의 취향을 저격하는 맥주를 발견할 수 있다는 사실을 알리고 싶었다. 그것이 생활맥주의 존재 이유이기도 하다.

불경기에는
게임의 룰을 바꿔라

외식 사업은 외생 변수에 매우 취약하다. 코로나19가 기승을 부렸던 팬데믹 시기를 제외하더라도, 치킨 업계는 해마다 조류 독감으로 어려움을 겪고 일본 방사능 오염수 방류 이슈가 한창일 때는 수산물 업종이 타격을 입었다. 외식 사업은 경기에도 민감하다. 불황이 장기화되면 외식이 줄어들고 자영업자들은 가슴을 졸인다. 이뿐이 아니다. 식생활 트렌드의 변화, 상권의 변화, 노동 시장의 변화 등 외식 사업을 하다 보면 예기치 못한 다양한 외생 변수에 직면하게 된다. 골목에 새로운 음식점이 공사를 시작하는 것만 봐도 내 매장에 영향이 있지 않을까 밤잠을 설치게 되는 것이 자영업자의 마음이다. 외식업은 경영자가 아무리 잘해도 작은 외부 변수에 휘청거리게 되는 사업이다.

안타깝게도 외생 변수를 예측한다는 것은 거의 불가능에 가깝다. 코로나19 팬데믹을 누가 예상이나 했겠는가. 그럼에도 불구하고 외생 변수는 외식업자라면 반드시 극복해야 할 숙제이다. 다양한 환경 변화에 유연하게 대처하지 못하면, 외식 사업을 안정적으로 운영하는 것이 어렵고, 장기적인 비즈니스로 이끌 수 없다. 어떻게 하면 외생 변수로 인한 사업 위기에 대처할 수 있을까? 사업 포트폴리오를 다변화하는 것이 그 해답이 될 수 있다. 게임의 룰을 바꿔보는 것이다.

사업 포트폴리오는 어떻게 다변화할 수 있을까? 생활맥주는 2014년 오픈 이래 10년이 넘도록 지속적으로 성장하고 있는데, 딱 한 번 마이너스 성장을 기록한 적이 있다. 팬데믹 기간 중인 2021년에 -4% 성장률을 기록한 것이다. 마이너스 성장이긴 했지만 4인 이상 모임 제한, 영업시간 제한과 사회적 거리두기 등 많은 제약 속에서도 우리가 선방할 수 있었던 것은 생활맥주의 부가 사업인 생활치킨 덕분이었다.

사실 생활치킨은 팬데믹 시기에 부랴부랴 만들어진 브랜드가 아니다. 생활맥주는 2017년부터 배달 시장에 진입하기 위해 안간힘을 썼다. 그런데 생활맥주가 배달 시장에 성공적으로 안착하는 데에는 많은 걸림돌이 있었다. 배달 앱에서 맥주 간판을 달고 있는 브랜드의 치킨이나 음식을 주문하는 고객은 매우 적었다. 또한, 맥주라는 단어가 포함된 브랜드명 때문에 홍보에도 제약이 많았다. 그래서 2019년에 '생활치킨'이라는 자매 브랜드를 만들었고, 생활맥주의 점주님들이 생활치킨 브랜드도 무상으로 사용할 수 있도록 했다.

별도의 설비 없이 오프라인 시장뿐 아니라 배달 시장까지 두루 섭렵할 수 있다는 장점 때문에 많은 가맹점주가 생활맥주와 생활치킨, 두 브랜드를 동시에 운영한다. 생활치킨이 배달 시장에 성공적으로 안착하면서 오프라인 시장과 가정 시장, 두 마리 토끼를 잡게 되었다.

팬데믹 시기에 생활치킨이 없었다면, 생활맥주는 지금처럼 성장하지 못했을 것이다. 언택트 소비 트렌드와 함께 배달업이 성행하면서 생활맥주의 마이너스 매출을 생활치킨이 메워주었고, 이 덕분에 생활맥주는 주점 브랜드의 한계를 넘어설 수 있었다. 사업 포트폴리오를 확장하면서 코로나19라는 엄청난 외생 변수를 극복한 것이다.

그런데 사업 포트폴리오 확장에도 전략이 필요하다. 무작정 메뉴를 다양화한다든가, 판매 채널을 넓히는 것만으로 사업이 확장되진 않는다. '사랑받는 아이템을 고객에게 어떤 방식으로 서비스할 것인가'에 대한 깊은 고민이 필요하다. 고객의 반응에 집중하고, 식생활 트렌드를 반영한 포트폴리오를 설계해야 한다.

생활치킨도 고객의 요구에서 시작됐다. 생활치킨의 슬로건은 '맥주를 위한 치킨은 따로 있다'이다. 맥주 마니아를 위한 치킨 브랜드로 자리 잡고자 했다. 생활치킨이 생활맥주의 자매 브랜드였기 때문이다. 생활치킨이 만들어지기 이전에 생활맥주는 맥주에 어울리는 치킨을 탄생시키기 위해 닭고기를 염지하는 타이밍과 방법, 튀김옷, 양념의 종류 등 다양한 실험을 거쳤고, 집요한 연구 끝에 맥주와 가장 페어링이 좋은 '앵그리버드'를 개발했다. 매콤하고 짭짤한 맛이 조화를 이루는 '앵그리버드'는 달콤한 바나나 향이 매력적인 '생활밀맥'과 최고의 궁합을 선보였다. 은은한 정향과 부드러운 질감이 매력적인 수제 맥주와 앵그리버드의 매콤한 맛과 섞이면서 훌륭한 마리아주를 이루었다. '앵그리버드'는 출시하자마자 인기를 얻었을 뿐 아니라 심지어 "치킨만 포장해 주실 수 있나요?", "치킨 배달은 안 되나요?"라는 문의가 지속적으로 이어졌다.

생활치킨은 가맹점에 광고비나 로열티를 부과하지 않는

브랜드였기 대문에 대형 치킨 브랜드처럼 TV 광고를 할 수도 없었다. 하지만 생활맥주가 TV 광고 없이 팬덤을 형성했던 것처럼, 생활치킨도 특정 타깃을 집중 공략하는 방식으로 자리를 잡아갔다. 생활치킨의 고객은 치킨을 즐길 때 맥주를 포기할 수 없는 고객을 대상으로 좁혔다. 그래서 '맥주와 어울리는 치킨은 따로 있다!'라는 슬로건을 걸고 수준 높은 '치맥' 고객을 공략했다. 생활치킨은 맥주 마니아들에게는 거부할 수 없는 매력이었던 것이다.

생활치킨을 론칭하면서 전용 패키지와 사이드 메뉴도 별도로 개발했다. 배달 패키지는 브랜드의 첫인상을 결정한다. 오프라인 매장으로 치면 인테리어의 역할을 하는 것이다. 생활치킨에는 생활맥주의 공간 브랜딩을 연상시키는 창의적인 패키지가 필요했다. 고객이 치킨을 먹으려고 패키지를 펼치려는 순간, '풋!' 하고 기분 좋게 웃을 수 있기를 바랐다. 생활맥주의 흥과 유머를 생활치킨 고객에게도 전달하고 싶었다.

생활맥주의 뉴트로 무드를 표현하면서도 생활치킨의 진정성을 어필할 수 있는 패키지 아이디어를 고민하다가 택배 배달 박스 모양의 패키지를 만들었다. 배달 패키지를 열면 치킨과 함께 "손을 닦는 게 좋겠어요"라는 문구가 새겨진 일회용 물티슈와 "내가 알로 보이냐. 9알 모으면 치킨 한 마리다"라고 도발하는 문구로 눈길을 끈 쿠폰으로 구성된 '치킨 생활키트'를 넣었다. 이런 위트를 가미한 브랜딩 하나하나가 소비자들의 마음을 움직여 팬덤을 형성해 SNS에서 입소문을 타기 시작했고, 생활치킨의 인기는 더욱 높아졌다.

생활치킨에서만 만날 수 있는 메뉴도 개발했다. 열무비빔면, 쫄깃 찹쌀도넛은 생활치킨을 위해 만들어진 메뉴다. 밀키트도 만들었다. 매장에서 사랑받는 메뉴인 생활 떡볶이를 밀키트로 제작해 손님들이 집에서도 즐길 수 있도록 했다. 이렇게 부가 사업이 꼬리에 꼬리를 물고 이어지면서 생활맥주의 사업 포트폴리오가 확장되어 갔다.

만약 2017년에 고객의 목소리를 무시하고 오프라인 주점 사업에만 매진했다면? 코로나19라는 강력한 외생 변수가 생긴 이후에 부랴부랴 생활치킨을 론칭하려고 했다면? 이미 레드오션이 된 배달 시장에서 생활치킨이 지금처럼 성공하기 어려웠을 것이다. 실제로 2019년에 오프라인 매출이 급격히 떨어지면서 울며 겨자 먹기로 배달 시장에 뛰어든 많은 주점 브랜드가 배달시장에 안착하지 못하고 밀려났다. 고객의 요구에 의해 도전한 배달 사업이 치킨 전문 브랜드와 경쟁하면서 생활맥주 자매 브랜드인 생활치킨으로 각인시키는 데 필요한 시간을 미리 번 셈이다. 현재 생활치킨은 싱가포르에서도 론칭해 큰 인기를 끌고 있다.

물론 오프라인-온라인 옴니 서비스로 판매 채널을 다변화하는 것만이 외식 사업을 안정적으로 운영하는 방법은 아닐 것이다. 외생 변수로 인한 악영향을 최소화하고, 사업 포트폴리오를 확장하기 위해서는 평소 고객이 브랜드의 어떤 점을 사랑하고, 어떤 점을 불편하게 생각하는지에 대해 지나치다 싶을 만큼 관심을 가져야 한다. 팬들에게 사랑받는 브랜드의 진정성을 공고히 하고, 소비자의 사소한 불편함을 제거하는 해법을 찾을 때 브랜드는 자연스럽게 확장하게 된다.

Part
4

잘나가는

프랜차이즈 기업도 처음에는

하나의 작은 가게였다

내 가게도
프랜차이즈가 될 수 있을까?

음식점으로 성공한 자영업자라면, 누구나 한 번쯤은 '내 가게도 프랜차이즈 브랜드로 성장할 수 있지 않을까?'라고 상상해봤을 것이다. 처음부터 '외식 프랜차이즈 브랜드를 론칭하겠다'고 계획하기에는 초기 투자 비용이 부담스럽고 너무 거창하게 느껴지지만, 확실한 것은 잘나가는 프랜차이즈 기업도 처음에는 하나의 작은 가게에서 시작된다는 사실이다. 전국 900여 개 매장을 운영하는 '이삭토스트'도 청주의 작은 토스트 가게에서 시작됐다.

생활맥주는 1호점을 오픈한 지 6개월 차에 가맹 사업을 시작했다. 한 친구가 찾아와 그의 지인이 "생활맥주의 가맹점을 내고 싶어한다"고 운을 떼었다. 생활맥주 1호점이 폭발적인 인기를 끌자 가맹점을 내면 성공할 것이라는 확신을 가졌던 것이다.

하지만 첫 가맹점 문의에 마냥 기뻐할 수 없었다. 당시 생활맥주는 조직이 갖춰지지 않은 1인 기업이었고, 요리, 구매, 유통, 가게 운영 등 모든 업무를 나 혼자 도맡아 하던 때였다. 매일 오전에는 장을 보고, 오후에는 가게에서 요리를 하고 손님 응대도 하면서 매장 운영에 힘을 쏟았다. 그리고 시간이 나면 수제 맥주 양조장을 찾아다니며 새로운 맥주를 선보이고자 발품을 팔았다. 당시 나의 사무 업무를 도와주는 사람은 저녁 시간에 서빙을 해주던 아르바이트 스태프 1명밖에 없었다. 잠도 부족한 상황에 가맹 사업까지 시작할 엄두가 나지 않았다.

하지만 생활맥주는 애초에 프랜차이즈 사업화를 염두에 두고 창업한 주점 브랜드였다. 다만, '가맹 사업을 언제부터 시작할 것인가'가 문제였다. 1호점의 경영이 더 안정된 후에 가맹 사업을 시작할 계획이었는데, 가맹 사업의 기회가 생각보다 빨리 찾아왔을 뿐이었다. 그저 내 체력 문제를 이유로 사업 성장의 기회를 차 버리긴 싫었다.

나는 잠을 더 줄이고 가맹 사업을 위한 준비 작업에 착수했다. 가맹점에 맥주를 안정적으로 수급하기 위해 브루어리 협업 계약을 1순위로 두고 부산, 제주 등 전국의 브루어리를 열심히 찾아다녔다. 그러다 보니 새롭게 오픈한 브루어리의 첫 손님이 되는 경우도 있었는데, 내가 찾아가면 브루어리에서 놀라며 "어떻게 알고 찾아오셨어요?"라고 물었을 정도다. 당시 인연을 맺은 고릴라브루잉컴퍼니, 플레이그라운드브루어리와 지금까지 협업하고 있다.

그리고 가맹점주와 머리를 맞대어 상권을 분석하며 좋은 매물을 찾아다녔다. 당시만 해도 생활맥주가 본격적으로 가맹 사업을 시작하기 전이었기 때문에 부동산 파트너가 없었다. 총신대, 사당, 홍대 등 다양한 지역의 부동산을 찾아다니며 매물을 검토하다가 한남동의 매물을 만났다.

한남점 매장은 권리금이 없고 월세가 저렴했다. 다만, 한남점 매장은 겨우 10평의 작은 매장이었고 건물은 도로에서는 잘 보이지도 않는 후미진 곳에 위치해 있어서 일반적인 관점에서 '좋은 매물'이라고 하기는 어려웠다. 그런데 나는 후면 도로에 위치해 유동 인구를 끌어들일 수 없는 한남점의 단점을 극복할 수 있다는 확신이 있었다. 여의도의 금융맨들이 길 건너 멀리 떨어져 있는 생활맥주 여의도점을 찾아준 것처럼, 강남, 용산의 맥주 마니아들이 한남점으로 모여들게 할 자신이 있었던 것이다.

이후 가맹점의 인테리어 공사에 신경을 쓰는 한편, 레시피를 더욱 표준화하고 수제 맥주 유통 시스템을 재정비하여 가맹점에 안정적으로 납품될 수 있도록 보완했다. 한편으로는 수제 맥주 교육, 메뉴 레시피, 마케팅과 세무, 고객 서비스까지 생활맥주 경영 전반의 업무를 매뉴얼화해서 가맹점주에게 교육했다.

당시 나는 가맹점이 아니라 '내 두 번째 매장을 오픈한다'는 마음으로 한남동 매장에 전력을 쏟아부었다. 한남동 점주에게 내 사업 노하우를 모두 풀어놓았고, 심지어 설비, 그릇 등 집기를 구매할 때도 마진을 남기지 않았다. 가맹점주와 함께 남대문에 가서 그릇을 고르고 가맹점주가 직접 결제하는 방식으로 마진을 10원도 남기지 않았다.

한남동 가맹 1호점을 통해 내가 일시적으로 수익을 높이는 것보다 한남점이 성공하는 게 중요했기 때문이다. 한남동 가맹점주도 내가 만든 생활맥주의 조리 방법이며 서비스까지 경영 전반의 매뉴얼을 잘 지켜주었고, 오픈한 지 얼마 되지 않아서 한남점은 폭발적인 인기를 얻게 되었다. 그리고 10년이 지난 지금도 여전히 성업 중이다.

생활맥주 한남점이 성공적으로 자리 잡으면서 가맹 문의

가 증가했다. 당시에는 생활맥주 웹사이트도 없었고 가맹 사업 광고도 하지 않았는데, 어떻게 다들 알았는지 본사로 가맹 문의가 쏟아졌다. 이촌점, 오목교점, 대치점, 남부터미널점, 구로디지털점 등 가맹점이 연이어 생기고, 오픈한 가맹점이 모두 성공하면서 가맹 사업에 본격적으로 돌입하게 되었다.

가맹 사업이 활성화되면서 나는 과중한 업무와 긴장감에 시달렸다. 가맹 사업 초창기에 조직을 체계화시키고 싶었지만, 그조차 쉽지 않았다. 프랜차이즈 브랜드를 운영해본 경험이 있는 경력자들은 이제 막 가맹 사업을 시작한 '생활맥주'라는 작은 회사에 지원하지 않았다. 어쩔 수 없이 신입사원을 뽑아 함께 시행착오를 겪었다. 매장에서 일하던 직원에게 가맹 사업 슈퍼바이저 역할을 맡기면서 조직을 서서히 성장시켰다. 가맹점이 수십 개가 되면서 나는 아르바이트 직원과 함께 생활맥주 공식 웹사이트를 직접 만들었다. 가맹점을 돌면서 사진을 찍고 서툴지만 직접 디자인을 해가며 웹사이트를 완성했다. 1호 매장의 인테리어를 할 때 그랬던 것처럼, 웹사이트를 만들 때도 전문가에게 맡기지 않고 내가 직접 완성했다. 브랜드의 정체성을 담아 진정성을 가지고 소통하는 것이 세련되게 완성되는 것보다 훨씬 더 중요하다고 생각했기 때문이다.

나는 생활맥주를 경영하면서 가맹 사업을 빠르게 성장시키기 위해 노력한 적이 한 번도 없었다. 브랜드가 빠르게 성장하는 것보다 탄탄하게 성장하는 것이 훨씬 중요하다고 생각하기 때문이다. 대부분의 프랜차이즈 브랜드가 가맹점을 빠르게 확장하기 위해 창업 컨설팅 외주 업체에 맡기거나 영업 사원을 다수 고용해 가맹 사업을 속도감 있게 전개하는 전략을 취하지만, 나는 생각이 다르다. 가맹 사업의 속도보다 중요한 것은 내실 있는 가맹점의 숫자를 늘리는 것이다.

가맹 100호점을 오픈할 때까지도 나는 예비 점주들과 직접 만나 창업 전략을 세웠다. 점주와 함께 매물을 조사하면서 지역 시장조사를 하고, 상권에 맞는 전략을 세워 점주들에게 제안했다. 지금도 창업 멘토링은 내가 리드한다. 예비 창업가들을 직접 만나 프랜차이즈 브랜드를 선택하는 방법부터 성공적으로 운영하는 방법까지 다양한 노하우를 전수한다. 여전히 생활맥주의 창업 담당자는 단 1명뿐이다. 굳이 말하자면, 생활맥주의 가맹영업사원은 가맹점주라고 할 수 있다. 나는 무리해서 가맹점 수를 늘리기보다 생활맥주를 제대로 이해하는 가맹점주와 인연을 만드는 것이 중요하다고 생각한다. 그래서인지 생활맥주는 11년 동안 가맹점주님과의 법적 다툼이 단 1건도 없다. 그만큼 서로에 대한 이해가 깊다고 할 수 있을 것이다. 생활맥주가 전국적인 프랜차이즈가 된 것도 어찌 보면 생활맥주의 진가를 한눈에 알아봐 준 가맹 1호점 한남점 점주님 덕분이라고 해도 과언은 아닐 것이다.

'내 음식점'이 프랜차이즈 기업으로 성장하는 것을 바라는 것은 무모한 꿈이 아니다. 다만, 가게 하나를 운영하는 것과 100개를 운영하는 것은 전혀 다른 사업이다. 내 가게를 프랜차이즈 브랜드로 성장시키고 싶다면 가게를 시작할 때부터 외식 브랜드의 1호점으로 시작해야 한다. 인테리어, 주방 설비부터 식재료, 물류, 조리 방법 등 모든 시스템을 500개, 1천 개의 매장이 될 것을 염두에 두고 브랜드를 설계해야 한다.

생활맥주도 여의도의 작은 주점으로 시작했지만, '프랜차이즈 1호점'으로 생각했기 때문에 인테리어, 메뉴, 레시피 모두 대량 생산을 염두에 두고 기획했다. 인테리어는 매우 독특한 콘셉트로 기획했지만, 세상에 단 1개밖에 없는 희귀한 아이템은 배제했다. 메인 메뉴인 치킨은 누구나 매뉴얼만 봐도 따라 할 수 있도록 쉬운 조리법으로 만들었다. 그리고 최소 주문 수량이 높은 식자재도 재고 부담을 안고 대량으로 생산했다. 가맹 사업에 돌입했을 때를 염두에 두고 식자재를 표준화시켰던 것이다.

나 역시 1호점 오픈 초기에는 재고 부담이 컸지만, 추후 가맹점을 운영할 때 식재료를 표준화시키고 음식의 품질을 균일하게 유지하기 위해서 재고의 부담을 기꺼이 떠안았다. 식자재 유통기한이 임박하면, 손님에게 서비스를 내어 재고를 소진시키는 한이 있어도 표준화를 포기하지 않았다. 지금 생각해보면 재고의 부담은 나에게 열정을 불어넣었던 것 같다. 재고 부담을 최소화시키기 위해선 매출을 높여야만 했고, 매출을 높이기 위해 나는 열정을 더욱 불태웠다.

한남점 오픈 이후 몇 개의 가맹점이 생기면서 최소 수량에 대한 부담은 점점 줄어들었고, 가맹 사업이 활성화되고 대량 생산 시스템이 차질 없이 작동되면서 생활맥주는 프랜차이즈 브랜드로서 안정적으로 자리 잡았다. 만약 내가 생활맥주 1호점을 기획하면서 재고에 대한 부담 때문에 대량 생산을 통한 식재료 표준화를 포기했다면, 생활맥주는 그저 '여의도에서 장사 좀 잘되는 주점'으로 만족해야 했을지도 모른다.

가맹점과의 분쟁을 없애는
수익 밸런스 설계

창업을 계획하고 있다면 스스로 장사꾼이 될 것인지, 기업가가 될 것인지를 결정해야 한다. 내 가게의 이윤 추구에 최대 가치를 둘 것인가, 내 가게를 기업으로 키우는 데 최대 가치를 둘 것인가에 따라 비즈니스 전략이 달라지기 때문이다.

장사꾼과 기업가를 구분 짓는 기준은 규모의 차이만은 아니다. 장사꾼은 나쁘고, 기업가는 옳다고 말하고 싶은 것도 아니다. 그저 자신의 목표에 따라 최선의 전략을 세우고 실행하면 된다. 다만, 기업가가 되고자 하는 창업가들에게 꼭 하고 싶은 말은 "장사꾼의 마인드로 외식 프랜차이즈 브랜드를 창업하지 말라"는 것이다. 그 둘의 방향은 전혀 다르기 때문이다.

프랜차이즈는 이해관계가 복잡한 사업이다. 하나의 브랜드에 본사, 점주, 제조사, 유통사 그리고 고객까지 시장 참여자가 톱니바퀴처럼 서로 맞물려 돌아간다. 시장 참여자가 하나라도 '나만의 이익'을 추구한다면, 그 사업은 결코 오래 지속될 수 없다. 그런데 개인이 장사를 하듯 가맹 사업을 하는 창업가를 간혹 볼 수 있다. 프랜차이즈가 가맹점을 늘리는 장사라고 생각하는 것이다. 가맹점은 판매하는 것이 아니다. 브랜드의 동업자를 늘리는 일이다.

프랜차이즈 기업은 가맹점에게 폭리를 추구해서는 안 된다. 프랜차이즈 본사에게 가맹점은 손님이 아니라, 사업을 함께 전개하는 파트너이기 때문이다. 맥도널드의 창업가 레이 크록은 그의 저서 《사업을 한다는 것》에서 "누군가를 동업자로 삼는 동시에 그에게 뭔가를 팔아 이익을 남길 수는 없다. 공급업자가 되면 그의 사업이 어떻게 돌아가는가보다는 그에게 팔아야 할 것에 더 관심을 쏟게 된다. 수익을 늘리기 위해서 질이 조금 떨어지는 제품을 대고 싶은 유혹에 빠질 수도 있다. 이렇게 되면 가맹점을 손해를 볼 것이고, 결국 그 손해는 나에게 돌아온다."[9]라고 말했다.

프랜차이즈 사업의 본질에 대해 이보다 더 명확하게 규정한 말은 없을 것이다. 프랜차이즈는 가맹점과 함께 규모의 경제를 이루면서 이익을 확대하는 사업인데, 가맹점에게 이익을 얻으려고 하면 장기적인 성장이 어렵다.

기업가 정신은 이타심에서 출발한다. 타인을 이롭게 함으로써 사업이 성장하는 순환 구조를 만드는 것이 기업가가 할 일이다. 특히 프랜차이즈 본사는 직영점과 가맹점뿐 아니라 맥주 제조사, 유통사 등 시장 참여자 모두의 이익을 추구하며 함께 발전하겠다는 각오와 의지를 가져야 한다.

이익 분배만의 문제는 아니다. 소비자를 위해서는 '이런 콘셉트의 음식점이 진짜 필요할까?'라는 문제의식과 '이 동네에 이런 술집이 있으면 주민들이 얼마나 즐거워할까?'라는 이타적 동기가 필요하다.

지금은 이렇게 기업가 정신을 강조하고 있지만, 나 역시 처음 외식 사업을 시작했을 때만 해도 기업가 정신이 투철했던 것은 아니다. 치킨 프랜차이즈 매장 1개와 참치 프랜차이즈 매장 2개를 운영하면서 다점포의 자영업자로 나름 만족하던 장사꾼이었다.

그러다가 내가 프랜차이즈 창업을 고민하게 된 것은 가맹 사업자로서 예상치 못한 어려움을 겪으면서부터다. 치킨 프랜차이즈 가맹점을 운영하던 중 20m 거리, 바로 앞집에 우리 매장 3배 규모의 경쟁 브랜드 매장이 오픈했다. 갑작스러운 외생 변수로 인해 사업이 휘청거리게 되었는데, 가맹 본사에서 어떤 도움도 받지 못하면서 '현타'가 왔다.

참치 프랜차이즈 가맹본부는 더했다. 매장을 오픈하고 운영하는 동안 브랜드에 대한 교육을 받은 적이 없었을 뿐더러 가맹점을 관리하고 점검해주는 슈퍼바이저를 단 한 번도 만나보지 못했다. 표준화된 메뉴판도 없어서 스스로 만들었고, 본사 시스템이 없었기 때문에 식자재 발주, 유통 등 외식 사업의 주요 부분을 셰프에게 의존할 수밖에 없었다. 급기야 프랜차이즈 본사는 프랜차이즈 사업권을 팔았고, 새로 인수받은 가맹본부는 관리는커녕 더욱 많은 식자재를 강매하려고 했다. 더 이상 참기 어려웠던 나는 일식 프랜차이즈와 치킨 프랜차이즈를 차례로 접으면서 이상적인 외식 프랜차이즈 사업을 기획하기 시작했다.

나 같은 피해자가 더 이상 생기지 않기를 바라면서 기획한 외식 프랜차이즈 브랜드가 생활맥주다. 나는 소자본으로 평생 지속할 수 있는 브랜드를 만들겠다고 다짐했다. 친구, 선배, 가족 등 내 주변의 지인들이 한 번의 투자로 꾸준히 돈을 벌 수 있는 프랜차이즈 모델을 만들고자 고민했다.

그렇게 '작은 매장으로 평생, 충분히 먹고살 수는 없을까?'

를 고민하다가, 적은 자본과 적은 노동으로 고수익을 내기 위해서는 소비자에게 '제값 받는 아이템'을 공급하는 것이 중요하다는 것을 깨달았다. 생활맥주에서 '제값 받는 아이템'은 수제 맥주다. 생활맥주의 수제 맥주는 한 잔에 6천~1만 원인데, 생활맥주의 소비자들은 이 비용을 기꺼이 지불한다.

소비자들이 '어디에서 이 정도 수제 맥주를 이 가격에 마실 수 있겠어?'라고 느끼도록 고품질의 맥주를 제공하기 때문이다. 생활맥주에서는 소비자에게 맥주를 더 싸게, 더 많이 제공하는 대신에 더 맛있는, 더 개성 있는, 더 완성도 높은 새로운 맥주를 제공하며 '제값'을 받는 주점 프랜차이즈로 맥주 마니아들에게 사랑받고 있다.

프랜차이즈 시장 참여자에게 적정한 이윤을 분배하려면 브랜드의 가치를 높여야 한다. 소비자가 브랜드의 가치를 기꺼이 구매하도록 브랜딩에 신경 써야 한다. 지금은 많은 브랜드가 진정성 있는 브랜딩을 통해 소비자와 소통하지만, 아쉽게도 프랜차이즈 업계에서는 아직도 브랜딩에 공을 들이는 브랜드가 많지 않은 게 현실이다. 브랜딩은 시간과 비용이 많이 들고 단기적으로 눈에 보이는 효과가 나타나지 않

기 때문이다. 빠른 성공을 꿈꾸는 창업가들에게 브랜딩은 낭
비로 보일 뿐이다. 하지만 지속 가능한 프랜차이즈 브랜드를
꿈꾼다면 반드시 투자해야 할 것이 브랜딩이다.

생활맥주는 론칭 초기부터 판촉보다는 내실 다지기에 몰
두했다. 소비자가 기꺼이 지불할 정도의 품질과 가치를 제공
하기 위해 노력했다. 생활맥주가 수많은 양조장들과의 네트
워크에 심혈을 기울이는 이유이기도 하다. 가장 좋은 제품을
안정적으로 유통하기 위해서는 파트너사들과의 관계가 가
장 중요하기 때문이다. 생활맥주는 세계 최고 수준의 맥주를
공급하고 있다. 제조 파트너사가 생활맥주에 최고 품질의 맥
주를 납품해 주는 덕분이다. 기업은 결코 혼자 성장할 수 없
다. 사업 참여자와 파트너가 함께 발맞춰 뛰어야만 높은 가
치의 상품을 공급할 수 있다.

기업가 정신은 이윤 추구와 반대적 개념이 아니다. 하지
만 장사꾼처럼 '나만의 이익'을 추구해서는 프랜차이즈를
운영할 수 없다. 외식 프랜차이즈 기업을 장기적으로 지속
성장시키는 데 무엇보다 필요한 것이 기업가 정신이다.

기업가 정신은 우리 생활에 꼭 필요한 사업을 통해 '우리
의 이익'을 추구하는 정신이다. 또한, 새로운 사업을 개척하
여 새로운 문화와 새로운 라이프 스타일, 새로운 가치와 새

로운 고객을 창출해야 한다. 브랜드는 고객에게 브랜드가 가진 유니크한 가치를 제공하고, 그로 인해 수익이 발생하는 선순환 구조를 만들어야 한다. 기업가 정신의 기준만 충족시켜도 사업에서 실패하기란 쉽지 않을 것이다.

프랜차이즈의 룰을
따르지 않는 프랜차이즈

프랜차이즈 1만 개 시대, 《2023 프랜차이즈 산업통계현황》에 따르면 브랜드 평균 존속연수가 3.5년, 프랜차이즈 평균 존속연수는 6.8년이다.[10] 큰 비용을 들여 사업을 시작했는데 가게의 수명이 3~4년이라면 초기 투자 비용조차 회수가 어려울 정도다.

초기 비용을 적게 들이면서 인지도를 확보할 수 있는 프랜차이즈 가맹업자로 창업한 경우도 마찬가지다. 기껏 사업을 시작했는데 수명이 6~7년이라면, 이 역시 허무하지 않을 수 없다. 사업이 좀 되는가 싶은 타이밍에 인기가 서서히 하락하고 결국 돈도 제대로 벌지 못하고 폐업하게 된다는 애

기다.

특히 프랜차이즈 브랜드를 기획하고 있다면 창업 자체를 망설이지 않을 수 없다. 10년도 못 버티는 프랜차이즈 브랜드 대부분은 창업 후 1년 정도 많은 비용을 투자하고, 이후 가맹업을 통해 폭발적으로 성장하며 이익을 내는 시기가 길어야 2~3년 정도이다. 이후부터는 아이템의 신선함이 점점 떨어지고 경쟁 업체도 많아지면서 하락의 길을 걷다가 6~7년 차에 폐업에 이르게 되는데, 이때 프랜차이즈 본사뿐 아니라 수많은 가맹업자들이 손해를 입게 된다.

외식 프랜차이즈 사업자로서 동종업계 브랜드가 몇 년 버티지 못하고 폐업한다는 소식을 들으면 참담한 기분이 든다. 가장 안타까운 것은 음식점을 창업하는 자영업자의 마인드이다. 창업 멘토링을 하다 보면 "사랑받는 백년식당이 되고 싶어요"라고 포부를 밝히는 자영업자보다 "3년 정도 잘 장사하고 권리금을 받고 팔려고요"라고 말하는 자영업자들이 의외로 많다. 백년식당을 꿈꾸고 시작해도 사업이 잘될까 말까인데, 애초에 3년만 사업하려고 마음먹은 자영업자가 운영하는 식당이 잘될 리가 없다. 짧고 굵게 이익만 추구하겠다는 마음으로 시작하는 사업이 성공할 리 만무하다. 손님과의 관계보다 이익을 앞서 생각하는 주인은 식재료도 싼 것을 사용하게 되고, 서비스에 인색할 수밖에 없다. 몇 년 정도 사업하고 그만둘 거라면 아예 시작하지 않는 게 낫다.

더 큰 문제는 자영업자뿐만이 아니라 프랜차이즈 브랜드를 운영하는 기업가 중에서도 '3년 장사'를 계획하는 경우가 부지기수라는 점이다. 유행하는 아이템으로 가맹 사업을 펼쳐 이익을 얻고, 경쟁 브랜드가 생겨 매출이 하락하면 폐업하거나 매각하는 것이 창업의 목표라면 기업가로서 부끄러운 일이다. 애석하게도 국내 외식 업계에는 브랜드를 잘 키워 평생 먹고사는 것을 꿈꾸지 않고 '치고 빠지기' 경영을 하는 '한탕주의'가 만연하다.

짧은 기간 동안 높은 매출을 기록하는 건 그다지 어렵지 않다. 유동 인구가 많은 상권에 자리를 잡고 인스타그래머블한 인테리어로 고객의 시선을 끌고 마케팅을 쏟아부어 입소문을 내면 단기간에는 신규 고객으로 높은 매출을 기록할 수 있다. 문제는 그 이후다. 마케팅으로 끌어들일 수 있는 일회성 손님들이 끊어진 후부터는 매출이 하락하고 파리만 날리다 권리금도 받을 수 없는 지경에 이르는 경우가 많다.

음식을 매개로 손님과 진정한 관계를 맺고자 하는 '외식업 철학' 없이는 일회성 신규 고객만 바글바글한 한시적 대박집이 될 가능성이 농후하다. 반면, 꾸준히 잘되는 백년식당은 N차 방문한 단골이 많고, 특별한 마케팅을 하지 않아도 꾸준히 높은 매출을 기록한다.

손님을 끌어당기는 것도 중요하지만, 더 중요한 것은 손님이 다시 오게 하는 것이다. 사업에 있어 '지속성'은 매우 중요한 요소다. 신규 손님으로 유지되는 대박집으로는 단골이 많은 백년식당을 넘어설 수 없다. 백년식당으로 성공하겠다는 정도의 각오 없이는 음식점을 시작하지 않는 편이 낫다.

그렇다면 왜 오래가는 외식 프랜차이즈 브랜드는 없을까? 한 번 프랜차이즈 브랜드를 창업해서 평생 먹고살 수는 없을까? 실제로 프랜차이즈로 10년 이상 운영하고 있는 브랜드조차 많지 않다.

프랜차이즈로 10년 이상 버티기 어려운 이유는 무엇일까? 백년식당은 '전국에 하나'라는 희소성을 강력한 무기로 가진 것과 같다. 오로지 음식 장인이 있는 노포에서만 느낄 수 있는 맛과 정취 덕분에 백년식당이 된 경우가 많다. 대를 이어 사랑받는 백년식당이라도 프랜차이즈 브랜드로 체인화해서 잘될 거라는 보장은 없다. 프랜차이즈는 백년식당의 진정성을 취하는 동시에 백년식당과는 다른 비즈니스 전략을 취해야만 한다.

나는 수많은 프랜차이즈가 10년 이상 꾸준히 성장하지 못하는 가장 큰 이유는 프랜차이즈 특유의 획일성 때문이라고 생각한다. 동일한 인테리어에 동일한 메뉴가 창업 초기에는 대중에게 쉽게 인지되고 신뢰감을 주어 단기간 내에 폭발적인 인기를 누릴 수 있지만, 늘 새로운 것을 원하는 대중은 금세 싫증을 내기 마련이다. 또한, 성공한 브랜드를 따라 하는 수많은 미투 브랜드가 생기게 되면 브랜드 정체성은 더 빠르게 희석되고 만다.

외식 프랜차이즈 브랜드가 10년 이상 꾸준히 성장하려면 무엇보다 유연해야 한다. 표준화와 강제 상품에 발목 잡혀 변화와 발전을 놓치는 프랜차이즈 브랜드가 많은데, 시장의 흐름에 따라 브랜드의 정체성을 잃지 않는 범위 내에서 끊임없이 발전시키고 개선해야 한다. 조금 더 쉽게 얘기하자면, 프랜차이즈 브랜드가 오래가기 위해서는 스스로 끊임없이 변화해야 한다는 것이다. 상품 개발부터 디자인 리뉴얼까지 브랜드가 끊임없이 발전해야만 오래 지속될 수 있다.

생존 경쟁이 치열한 외식 프랜차이즈 업계에서 생활맥주가 11년 차 프랜차이즈 기업으로서 꾸준히 성장할 수 있었던 비결은 아이러니컬하게도 '프랜차이즈스럽지 않다'는 특징 덕분이다. 판에 박은 듯 획일화된 인테리어, 동일한 메뉴를 내세운 여타 프랜차이즈 브랜드와 달리 생활맥주는 상권과 점주의 취향에 따라 인테리어가 다르고, 심지어 가게마다 판매하는 맥주의 라인업도 다르다.

표준화된 인테리어와 메뉴로 승부하는 프랜차이즈의 기존 룰을 따르지 않은 것이다. 심지어 간판에는 '○○점'이라는 지점 표시도 없어서 생활맥주가 프랜차이즈인지 모르는 고객들도 상당수다. 생활맥주를 동네에 있는 특이한 술집쯤으로 생각하는 것이다. 나는 그것이 바로 생활맥주가 11년 동안 사랑받는 비결이라고 생각한다.

생활맥주는 프랜차이즈이면서도 획일화를 배제하고 다양성에 초점을 맞추었다. 생활맥주라는 브랜드가 태생적으로 '다양성'에 가치를 둔 브랜드이기 때문이다. 생활맥주는 다양한 수제 맥주를 즐길 수 있는 공간으로, '대한민국 수제 맥주 플랫폼'을 사업의 본질로 삼고 있다.

매월 다양한 양조장과 새로운 맥주를 기획해서 선보이고, 매장마다 맥주 라인업이 다르다. 상권마다 선호하는 맥주가 다르기 때문이다. 맥주 격전지에서는 주로 아이피에이IPA 맥주로 구성하고, 대학가에는 라거를 주로 판매하는 등 상권별로 맥주 라인업이 달라진다. 매월 새롭게 기획되는 맥주를 포함한 맥주 라인업 중에서 잘 팔리는 맥주는 살아남고, 판매량이 저조한 맥주는 자연스럽게 사라진다. 한마디로 생활 맥주 안에서 맥주 생태계가 형성되는 것이다. 만약 생활맥주가 전국 지점에서 인기 있는 몇몇의 맥주를 한정해서 판매했다면 지금처럼 지속적으로 성장하지는 못했을 것이다.

생활맥주는 인테리어도 매장마다 다르다. 대부분의 프랜차이즈가 획일화된 인테리어를 선보이는 데 반해 생활맥주는 상권과 점주의 취향에 따라 간판이 다르고, 파사드가 다르고, 내부 인테리어도 다르다. 생활맥주 지점이 생길 때마다 지역의 특성을 고려해 공간 디자인을 개발해 왔기 때문이다.

게다가 매장 내 3개의 벽면도 서로 다르게 디자인하여, 벽면 인테리어 하나만 바꿔도 매장이 새로워지는 효과를 거둘수 있다. 매장을 오래 운영하다 보면 리뉴얼에 투자해야 할 시기가 오는데, 이 비용이 만만치 않아서 포기하는 경우가 생긴다. 그런데 생활맥주는 파사드 엑스테리어만 바꿔도, 조명이나 네온사인만 바꿔도 비교적 적은 비용으로 매장을 리뉴얼한 것 같은 효과를 낼 수 있다. 다양화된 매장 인테리어 전략은 시각적 지루함을 쉽게 느끼는 소비자에게도 매력적인 요소이지만, 가맹점주에게도 만족도가 높다. 가맹점주가 직접 매장 디자인을 선택하면서 '내 가게'를 창업하는 자부

심도 커지기 때문이다.

　최근 생활맥주는 이런 다양성을 극대화하는 마케팅 전략으로 직영점에 한해 '1구역 다점포'를 시험적으로 운영하고 있다. 한 지역에 서로 다른 인테리어, 서로 다른 맥주 라인업을 가진 직영점을 운영하는 것이다. 종로구청점과 종로구청 2호점은 길 하나를 사이에 두고 마주보는 위치에 오픈했는데, 인테리어도 다르고, 판매하는 맥주 라인업도 다르다. 생활맥주라는 이름 안에서 성격이 전혀 다른 매장을 선보이는 것이다. 소비자는 취향에 따라 종로구청점을 선택할 수도, 종로구청2호점을 선택할 수도 있다. 삼성동에는 4개의 직영점을 운영하는데, 이 역시 맥주 라인업이 저마다 다르다. 그날의 기분에 따라, 맥주 취향에 따라 소비자는 생활맥주 지점을 선택할 수 있다. 물론 이러한 실험은 직영점 구역에서만 가능하다.

　그렇다고 생활맥주가 지점마다 전혀 다른 콘셉트를 선보이는 것은 아니다. 인테리어는 '인더스트리얼 빈티지'라는 일관된 콘셉트 아래 다양한 디자인을 선보이고, 맥주 역시 생활맥주가 기획한 수제 맥주를 주로 선보인다. 브랜드의 정체성은 고수하되 소비자와 쌍방향 소통하며 판매 전략과 서비스를 여러 형태로 변형시킨다.

일관성과 복제성은 다르다. 유행 주기가 점차 짧아지는 외식 업계에서 소비자는 끊임없이 새로운 아이템에 노출되는데, 프랜차이즈 브랜드라고 해서 획일화된 서비스만을 고수할 수 없다. 비즈니스 초기에 아무리 좋은 아이템과 시스템을 구축했다 하더라도 시간의 흐름과 함께 시장이 발전하면서 수요도 달라진다.

프랜차이즈라는 굴레에 갇혀 똑같은 아이템을 고집하는 브랜드로는 롱런하기 힘들다. 생활맥주는 기존의 프랜차이즈가 선보여왔던 복제성과 획일성에서 벗어나 새로운 시대의 프랜차이즈 모델을 만들어가고 있다. 일관성을 유지하면서도 끊임없이 발전하는 외식 사업 모델, 프랜차이즈이지만 프랜차이즈스럽지 않은 모델이야말로 진일보한 프랜차이즈 전략이라고 생각한다.

프랜차이즈가
직영점을 운영해야 하는 이유

국내 외식 프랜차이즈 브랜드 중 직영점을 운영하는 브랜드는 5.1%에 불과하다. 국내 치킨 프랜차이즈 브랜드가 1천 개가 넘는데, 그중 7개 브랜드만 직영점을 운영하고 있다. 창업가들에게 "우리 브랜드로 매장을 내면 고매출, 고수익을 얻을 수 있습니다!"라고 홍보하면서, 본사는 왜 직영점으로 수익을 창출하지 않고, 가맹 사업에만 몰두하는 걸까?

이유는 간단하다. 투자 대비 수익성이 떨어져서다. 더 많은 수익을 얻을 수 있다면 직영점을 내지 않을 이유가 없다. 직영점으로 고수익을 창출할 수 있다면, 직영점의 숫자를 늘리는 것이 사업의 이치이다. 그런데도 대부분의 프랜차이즈 본사가 직영점 경영은 외면하고 가맹 사업에만 치중하고 있다.

프랜차이즈 브랜드를 11년간 경영하면서 가맹 사업에만 열을 올리는 브랜드는 대체로 수명이 짧다는 것을 깨달았다. 가맹 사업은 한계가 명확하다. 대부분의 가맹 사업은 일회성 수익인 가맹비와 로열티, 차액가맹금 수익이 주 수입원이다. 창업 후 일정 시기가 지나면 외식 트렌드가 변하면서 가맹 사업은 성장세가 꺾이는데, 가맹점 확장에 의존하여 가맹본사를 운영하게 되면 어느 시점에 본사의 재정이 급격히 부실해진다. 마케팅, 설비 투자 등 본사의 지원이 부실해지면 브랜드 가치가 하락하고, 고객이 줄어들며, 가맹점 이탈이 시작된다. 프랜차이즈 본사가 이를 견디지 못하고 폐업을 선언하면 결국 손해를 보는 것은 가맹점주들이다.

반면 프랜차이즈 브랜드의 직영점이 안정적인 수익을 창출하면 본사는 장기적인 비즈니스 플랜을 세울 수 있게 된다. 직영점 수익 중 일부를 마케팅과 인테리어 및 설비에 투자해 브랜드 가치를 높이면서 더 많은 고객과 가맹점을 끌어들이고, 더 많아진 가맹점을 통해 규모의 경제를 이루는 등 선순환을 이루게 된다. 직영점을 성공적으로 운영하게 되면 굳이 가맹점에 폭리를 취할 필요가 없어지는 것이다.

생활맥주는 가맹점으로부터 로열티를 받지 않을 뿐 아니라 가맹점 의존도가 매우 낮다. 생활맥주는 현재 54개의 직영점을 운영하면서 여기서 얻은 수익으로 생활맥주의 거의 모든 운영비용을 충당한다. 광고나 유튜브 PPL을 진행해도 가맹점에게 광고비를 일절 받지 않고, 본사 주도로 할인 쿠폰 이벤트를 진행하면 할인 비용을 본사가 100% 전액 부담한다. 생활맥주는 직영점의 수익으로 가맹점과 함께 성장하는 것을 목표로 하기 때문이다.

프랜차이즈 본사가 직영점을 운영해야 하는 이유는 안정적인 수익 때문만은 아니다. 프랜차이즈 브랜드에 있어서 직영점이야말로 사업의 본질이자 핵심이라고 할 수 있다. 프랜차이즈의 정의는 '본사가 가맹점에게 사업의 성공을 위해 사업 아이템, 노하우, 사업 시스템을 포함해 브랜드 사업권을 제공하고, 가맹점은 이에 대한 대가를 금전적으로 지불하는 사업 모델'이라고 생각한다. 본사는 판매 아이템만이 아니라 매장을 운영하면서 쌓은 사업 노하우와 복제 불가한 고유의 사업 시스템을 제공해야 한다.

즉, 프랜차이즈 본사는 직영점을 운영하면서 얻은 노하우를 가맹점에게 전수할 의무가 있다. 직영점은 쇼룸 이상의 의미를 가진다. 상권에 따라, 도시에 따라, 계절에 따라, 트렌드에 따라 변화하는 고객 성향과 가게를 운영하면서 얻은 사업 노하우를 가맹점에 전수한다. 그런데 직영점이 없다면 프랜차이즈 본사는 사업 노하우를 어떻게 쌓으며, 가맹점에게 어떻게 전수할 수 있겠는가?

직영점이 없는 프랜차이즈 본사는 오히려 가맹점을 통해 사업 노하우를 듣게 된다. "○○점에서 ○○쿠폰을 붙이니 손님이 늘었다더라"라며 가맹점의 사업 노하우를 다른 가맹점에게 전달하는 역할을 할 뿐이다. 하지만 본사에서 직접 검증하지 않은 정보를 전달하는 것만으로는 사업 노하우를 전수한다고 할 수 없을 것이다.

프랜차이즈 사업의 운영 노하우는 직영점을 운영하면서 쌓인다. 본사는 직영점을 안테나로 삼아 고객을 마주하고 시행착오를 겪은 후 얻은 노하우를 가맹점에게 전달해야 한다. 생활맥주는 새로운 메뉴를 정식 출시하기 전에 항상 모든 직영점에서 한 달 이상의 테스트를 진행한다.

앵그리버드 하드코어라는 메뉴를 론칭하기 위해 직영점에서 테스트 판매를 진행했는데, "너무 맵다"는 부정 평가가 많아서 메뉴를 출시하지 않은 적도 있다. 앵그리버드 크런치를 론칭할 때도 직영점에서 먼저 테스트를 진행했다. 처음에는 지금보다 좀 더 매운맛이었는데, "매운맛을 좀 줄이면 좋겠다"는 평이 많아서 맵기를 조절한 후 생활맥주 전 지점에서 공식 론칭했다.

새로운 맥주를 출시할 때도 직영점에서 먼저 판매하는 과정을 거친다. 맥주 품질이 편차 없이 안정적인지, 맥주 관리가 어렵지는 않은지, 소비자들은 출시 예정인 새로운 맥주를 좋아하는지 등 다양한 관점에서 제품을 테스트한 후 직영점의 반응과 판매량 등을 검토해 판매 여부를 결정한다.

이처럼 직영점의 검증을 거친 신메뉴와 서비스는 대부분의 가맹점과 소비자에게 호응을 얻게 된다. 메뉴만이 아니다. 판촉 프로모션을 포함한 다양한 마케팅을 직영점에서 진행해보고 효과가 좋은 마케팅 프로모션은 가맹점에서도 함께 진행한다. 효과가 클 거라고 기대했던 프로모션이 인기를 얻지 못하는 경우도 있다. 결국, 서비스도, 마케팅도 실행을 해봐야 효과를 정확히 알게 된다. 직영점에서 메뉴, 서비스, 프로모션 등 모든 것을 검증하는 과정이 굉장히 중요하다.

프랜차이즈 사업을 시작했다면 겁내지 말고 직영점 운영에 뛰어들어 흑자를 내기 위해 최선을 다해야 한다. 가맹 사업이 단기 이익을 창출하는 데는 도움이 될 수 있지만, 이에 매몰되면 단기 사업이 되기 쉽다. 장기적인 사업 운영을 위해서는 직영점에서 이익을 내는 것이 최우선 과제다.

메뉴와 서비스, 인력 관리, 물류, 마케팅 등 경영 전반을 개선하면서 직영점에서 이익을 낼 때, 프랜차이즈 브랜드는 비로소 가맹 사업을 할 준비가 되었다고 할 것이다. 직영점이 흑자 경영을 완수하지 못했다면, 가맹 사업을 시작해서는 안 된다. 사업 노하우가 없는 채로 프랜차이즈 가맹 사업을 시작하는 것은 침몰하는 배에 손님을 태우는 것과 같다.

또한, 나는 가맹점으로 창업하려는 자영업자들에게 반드시 프랜차이즈 브랜드의 직영점 개수를 살펴보길 권한다. 3년 이상 운영한 직영점의 개수가 많은 프랜차이즈 브랜드는 재정이 안정적일 확률이 높고, 시스템이 체계적이며, 무엇보다 사업 노하우가 풍부할 것이기 때문이다. 흑자 경영을 하는 직영점이 많은 브랜드가 전수하는 사업 노하우는 가맹점주의 창업을 성공적으로 이끌 것이다.

50개 이상의 다점포를
안정적으로 관리하는 법

많은 프랜차이즈 브랜드의 대표들이 내게 "생활맥주는 직영점이 수십 개가 되던데, 어떻게 관리하나요?"라고 묻는다. 프랜차이즈 브랜드를 오래 운영한 기업가에게도 직영점 관리는 까다로운 숙제이다. 직영점이 10개 이상으로 늘어나면 매장 인력을 안정적으로 운영하는 것조차 쉽지 않다. 사회적으로 취업난이 심각하다고 하지만, 외식 업계에서는 인력이 항상 부족하다. 물론 이런 문제들이 직영점에만 존재하는 것은 아니다. 직영점과 가맹점을 막론하고 모든 매장이 인력난을 비롯해 고객에게 표준화된 서비스를 제공하기 위해서 풀어야 할 숙제가 많다.

프랜차이즈 사업은 일종의 교육 사업이다. 프랜차이즈 브랜드로서 모든 매장에서 일정한 수준의 서비스를 내기 위해서는 '매뉴얼 교육'이 매우 중요한 요소이기 때문이다. 생활맥주는 맥주 교육, 조리 교육, 세무 교육, 마케팅 교육, 서비스 교육 등 점장이 가게를 운영하기 위해 배워야 할 모든 것을 교육한다.

프랜차이즈 브랜드는 핵심 메뉴의 맛을 각 지점에서 동일하게 구현하는 데에 신경써야 한다. 한 지점의 음식 맛으로 브랜드 전체가 평가받기 때문이다. 치킨 하나만 해도 전국 각 지점에서 동일한 맛을 내는 게 결코 쉬운 일이 아니다. 똑같은 레시피여도 요리하는 사람이 달라지면 음식의 맛도 달라질 수밖에 없기 때문이다. '생닭을 정해진 크기로 절각해서 염지한 후 튀김옷을 입혀 튀긴다'는 매뉴얼로는 모든 매장에서 동일한 맛을 낼 수가 없다. 아무리 레시피가 디테일해도 다수의 매장에서 동일한 맛을 낸다는 건 불가능하다.

생활맥주는 론칭 초기에 조리 레시피를 비롯해 매장을 운영하는 매뉴얼을 정리한 교육자료를 매우 상세하게 만들어서 배포했다. 전 직원이 매뉴얼을 숙지할 수 있도록 교육도 자주 진행했는데, 직원마다 교육 효과의 편차가 컸다. 매장 교육 자료를 꼼꼼히 읽고 배우는 직원이 있는 반면, 단 몇 페이지 만에 포기하는 직원도 있었다. 그래서 매뉴얼을 핵심만 추려서 교육 자료를 매우 얇게 다시 만들었다. 몇몇 직원들은 그마저도 읽지 않았다. 그래서 생각해낸 것이 온라인 동영상 교육 자료다. 요즘 젊은 직원들은 숏츠에 익숙하니 교육 자료도 트렌드에 맞도록 제작하는 것이 좋겠다고 생각했던 것이다. 누구나 지루하지 않게 끝까지 볼 수 있도록 매뉴얼을 쉽고 짧게 만들었다. 동영상을 온라인으로 배포했기 때문에 직원들은 원하는 시간에 교육을 받을 수 있다. 나는 아직까지 이보다 효율적인 교육 방식은 찾지 못했다.

그런데 프랜차이즈를 안정적으로 운영하기 위해서는 교육보다 더 중요한 것이 있다. 애초에 교육이 필요한 업무를 최소한으로 줄이는 일이다. 생활맥주는 음식점을 한 번도 경영해 본 적이 없는 초보자도, 요리를 해본 경험이 적은 사람도 누구나 쉽게 조리할 수 있도록 조리 과정을 단순화했다.

대부분의 국내 대형 치킨 브랜드들이 가맹점에 생닭을 납품하고 매장에서 염지하고 절각하게 하는 데 반해, 생활맥주는 이미 절각과 염지가 완료된 계육을 1인분 소분팩에서 꺼내 파우더를 묻혀 튀겨 내기만 하면 될 정도로 조리 과정을 최대한 단순화시켰다. 절각하고 염지하는 등 주방에서 진행하는 귀찮은 조리 밑작업을 주방에서 할 필요 없이 본사에서 사전작업을 도맡은 것이다. 레시피를 설계할 때에는 칼 없이도 모든 업무가 가능하도록 했을 정도다.

백 번을 교육하는 것보다 업무를 단순화하는 것이 실수를 줄이는 데 더 효율적이기 때문이다. 매장을 효율적으로 관리하려면 매장의 업무를 최소화하는 것이 최선이다.

프랜차이즈 본사가 주방 업무를 단축시키는 시스템을 갖추는 것만으로도 점장과 아르바이트 스태프의 업무 부담을 더는 동시에 고객에게는 표준화된 맛과 서비스를 제공할 수 있다. 더불어 인건비도 절감된다. 매장 업무의 난이도를 낮추면 인건비가 줄어드는 것은 당연한 이치다.

생활맥주를 포함해서 20년간 외식업을 운영하면서 나에게도 가장 어려운 숙제가 인력 관리였다. 외식 사업 초반에는 어떤 직원과 함께 일하는지에 따라 매장의 매출이 오락가락했다. 일 잘하는 직원이 들어오면 단골도 많이 생기고 매출이 덩달아 올랐다. 반면 일 못하는 직원이 들어오면 손님이 떨어져 나가고 매출이 추락했다. 사장은 나인데 실질적으로는 일 잘하는 직원이 가게 경영을 책임지고 있었던 것이다. 사업의 중심은 사장이어야 한다. 직원에게 끌려가는 것이 아니라 직원을 이끄는 것이 사장의 몫이다.

누가 만들어도 비슷한 맛을 내는 레시피를 개발하면 인건비가 높은 경력자를 채용할 필요가 없어진다. 특히 인력난이 심각한 이 시대에는 단순한 조리 시스템이 매장 운영에 큰 도움이 된다. 아르바이트 스태프가 어느 날 갑자기 그만둬도 걱정이 크지 않다. 경험이 없는 새로운 스태프도 하루만 조리 교육을 받으면 표준화된 퀄리티의 메뉴를 만들 수 있기 때문이다.

만약 조리 교육에 일주일이라는 시간이 필요하다면, 스태프를 채용해서 매장에서 제 역할을 하기까지 2~3주의 공백을 메꾸기가 쉽지 않다. 아니면 경력자를 채용해야만 해서 비용이 올라갈 수밖에 없다. 결국 사장이 직원의 눈치를 보며 끌려가게 되는 상황이 만들어진다. 매장 업무를 최소화하는 또 하나의 방법은 매장 운영 시간을 단축하는 것이다. 생활맥주는 주점 브랜드였기 때문에 점심 영업은 과감히 포기하고 저녁 영업에 집중하면서 고효율을 추구했다. 운영 시간이 줄면 아르바이트 스태프 인건비도 줄어들고, 업장 관리도 한결 쉬워진다. 바쁜 시간에만 집중적으로 인력을 투입하면 되기 때문에 효율적인 운영이 가능하다.

밑작업이 필요한 업무를 본사에서 담당하면 현장에서의

실수를 줄이고 업무 효율을 높일 수 있다. 매장이 많아질수록 업무 단순화가 최우선시되어야 한다.

미투 브랜드를
극복하는 법

세계적인 디자이너 폴 스미스는 "Keep your eyes open. Get inspired. Don't Copy. (열린 마음으로 세상을 바라보고, 영감을 얻어라. 절대 카피하지 말라.)"라고 말한 바 있다. 폴 스미스의 말처럼 세상의 멋진 것들에게 영감을 얻어 더 새롭고, 더 훌륭한 것을 창조하는 것이 기업가의 자세이다. 그런데 외식업에 종사하는 많은 기업가들이 벤치마킹이라는 멋진 말로 카피를 용인하고, 새로운 고객을 창출하는 것이 아니라 타 브랜드의 고객을 빼앗으려 혈안이 되어 있다.

외식 프랜차이즈 브랜드를 장기적으로 성공시키려면 미투 브랜드의 추격을 막는 일에도 신경을 써야 한다. 시장에서 유행하는 히트 상품을 모방해 기존 인기에 무임승차하는 미투 브랜드 때문에 공들여 만든 브랜드가 무너지는 일은 흔하다.

생활맥주도 미투 브랜드 때문에 골치를 앓았던 경험이 있다. 이름도 비슷한 한국어로 번역한 상호명의 미투 브랜드가 생활맥주의 간판, 인테리어, 메뉴와 메뉴판 디자인까지 비슷하게 도용해서 영업을 하고 있었다. 어떤 커피 브랜드는 생활맥주와 유사한 간판, 인테리어, 메뉴 디자인으로 생활맥주의 자매 브랜드처럼 브랜딩해서 운영한 사례도 있다.

특히, 이 커피 브랜드는 프랜차이즈 가맹 사업을 맹렬히 펼쳐 전국에 100개 이상의 가맹점과 계약을 맺고 있었다. 나는 빠르게 상표권 소송에 돌입했다. 가맹점주가 한 명이라도 늘기 전에 상표권 소송을 마쳐야 했다. 프랜차이즈 본사에 문제가 생겼을 때 가장 큰 피해를 보는 당사자는 가맹점주들이기 때문이다. 물론 생활맥주는 상표권 소송에서는 이겼고, 그 유사 브랜드의 가맹점들은 모두 간판을 바꿔 달아야만 했다. 결국 최대 피해자는 미투 브랜드의 가맹점주가 된 것이다.

프랜차이즈 브랜드를 만들어 성공시키기까지 얼마나 많은 공이 들고, 또한 그 과정이 얼마나 고단한지 알기에, 미투 브랜드로 고생하는 원조 프랜차이즈를 보면 너무나 안타깝다. 엇비슷한 콘셉트의 브랜드와 경쟁하고 싶지 않다면 브랜드를 창업하기 전에 상표권을 도용당하지 않도록 준비해야 한다.

창업 시 가게를 오픈하기 전에 가장 먼저 할 일은 특허 출원을 하고 상표권을 등록하는 일이다. 상표권을 등록하면 미투 브랜드에 맞서는 것이 가능할 뿐 아니라 상표권 등록 과정에서 내 브랜드가 의도치 않게 타 브랜드의 상표를 도용할 위험에서도 벗어날 수 있다. 악의적으로 타 브랜드를 베끼지 않더라도, 나도 모르게 이미 존재하는 브랜드의 상표와 비슷한 아이디어를 낼 수 있다.

실제로 네이밍을 하다 보면, 좋은 이름은 이미 다 상표권이 등록되어 있다는 사실을 깨닫게 된다. 세상에 절대 없을 것 같은 신선한 네이밍도, 심지어 베끼지 않고 스스로 창작한 것이어도, 막상 특허를 내려고 보면 이미 상표권이 등록되어 있는 경우가 많다. 브랜드 네이밍은 아이디어를 떠올린 순간이 아니라 상표권을 취득한 순간에 완성된다고 볼 수 있다.

물론 상표권을 등록하는 것만으로는 미투 브랜드에서 완

전히 자유로울 수가 없다. 네이밍, 상표권, 로고 등 브랜딩의 유사성을 피하고, 브랜드의 핵심 아이템을 벤치마킹한 제품을 출시해 법망을 교묘히 빠져나가는 유사 브랜드도 많기 때문이다. 미투 브랜드로 인한 피해를 비껴가기 위해서는 브랜드 고유의 복제 불가능한 시스템을 만들어야 한다. 브랜드의 디자인과 상표, 아이템은 모방하기 쉽지만, 사업 노하우가 녹여진 시스템은 복제하기가 어렵기 때문이다.

디자인과 상표는 눈에 보이는 것이라 모방하기 쉽다. 하지만 브랜드의 경험과 사업 노하우가 반영된 시스템은 눈에 보이지 않는 것이라 복제하기가 쉽지 않다. 만약 누군가 '내 브랜드'를 똑같이 모방했다면, '내 브랜드가 카피에 취약한 것은 아닐까'를 점검해야 한다. 프랜차이즈는 브랜드의 경험과 노하우를 시스템화한 운영 체계를 바탕으로 하는데, 이것이 모방하기 쉬운 시스템이라면 그것은 노하우라고 보기 어려울 정도로 평범한 시스템일 확률이 높다.

브랜드를 기획할 때에는 브랜드의 차별성을 강조한 브랜딩이 매우 중요하다. 브랜드에 맞는 슬로건을 만들고, 브랜드의 컬러를 정하고, 브랜드의 정체성을 표현해 주는 인테리어와 음악 리스트, 브랜드 특유의 서비스 그리고 그 브랜드에서만 만날 수 있는 맛을 만들어야 한다. 거기에 운영 노하우와 시스템이 결합된다면 쉽게 카피하기 어려운 브랜드가 된다.

생활맥주는 전국의 양조장과 협업해서 개발한 수십 종의 맥주를 통합적으로 관리하는 시스템을 구축하는 데 공을 들였다. 전국 각지에 산재한 맥주의 생산과 재고를 관리하고, 물류와 유통을 연결하는 시스템인 'DBO 가맹점 앱'을 탄생시킨 것이다. DBO는 데일리 비어 온라인Daily Beer Online을 줄여서 표기한 것으로, 생활맥주 매장에서만 쓸 수 있는 간편한 주류주문 앱이다.

유통사 역시 DBO 가맹점 앱을 통해 매장의 주문과 배송을 바로바로 확인할 수 있어 기존에 종종 발생하던 휴먼에러를 줄일 수 있었다. 또한, 생활맥주 본사에서는 앱을 통해 매일 전체 주문량과 재고량을 확인해 맥주의 생산 스케줄을 조절한다.

누군가 DBO 가맹점 앱을 따라 하고 싶어도 맥주 제조사, 유통사 등 각계의 수많은 시장 참여자를 참여시키기가 쉽지 않을 것이다. 생활맥주는 '대한민국 수제 맥주 플랫폼'이라는 맥주 생태계를 구축하면서 복제 불가능한 주류 주문 시스템도 함께 발전시킨 것이다.

생활맥주의 맥주 플랫폼 모델 자체도 복제 불가한 시스템이 되었다. 맥주 1종을 기획하고 완성하려면 최소한 3~6개월 이상의 시간이 필요하다. 수십 종의 다양한 지역 맥주를 기획, 생산하고 전국 각 지점에 유통하는 일은 이제 누군가 쉽게 따라할 수 없는 시스템이 된 것이다. '다양한 수제 맥주를 마실 수 있는 주점'이라는 생활맥주의 정체성 자체가 진입장벽이 높은 사업 시스템이 되었다.

사업의 노하우가 담긴 시스템은 대체로 하루아침에 이뤄지지 않는다. 그렇기 때문에 모방하기가 어렵고 미투 브랜드가 생기기도 어렵다. 생활맥주가 '맥주 플랫폼'이라는 형태의 비즈니스를 설계한 것도 이 때문이다. 수십 종의 맥주를 판매하는 플랫폼인 생활맥주는 비즈니스를 탄탄하게 다지는 데도 시간이 오래 걸렸지만, 덕분에 '대체 불가 플랫폼'이 되었다. 모방이 어려운 시스템이야말로 브랜드가 지속적으로 성장하는 데 밑거름이 된다.

외식업자의 꿈

"인생이 꿈을 만드는 것이 아니다. 꿈이 인생을 만드는 것이다."

메이저리그의 역사를 새롭게 쓰고 있는 현재진행형 야구 레전드인 오타니 쇼헤이의 말이다. 이 말을 떠올릴 때마다 인생을 원하는 방향으로 이끌기 위해서 꿈을 꾸는 것이 얼마나 중요한 일인지를 새삼 생각하게 된다. 하루하루 눈앞의 일을 닥치는 대로 처리하는 것만으로는 원하는 목적지에 도착하기 어렵다. 사업가로서 꿈을 이루고 싶다면 목적지를 정확히 설정하고 그 방향을 위해 현재를 움직여야 한다.

생활맥주를 통해 내가 이루고 싶은 꿈은 세 가지였다. '지속 가능한 브랜드를 만들겠다'는 것, '대체 불가한 플랫폼을 만들겠다'는 것 그리고 '글로벌 맥주 브랜드로 성공하겠다'는 것이었다. 외식 업계에서 지속 가능한 브랜드로 성공하기 위해서는 파트너와 함께 성장하는 것이 중요했고, 대체 불가한 플랫폼으로 살아남기 위해서는 독보적인 시스템이 필요했다. 그리고 글로벌 맥주 브랜드로 성공하기 위해서 끊임없이 해외 진출의 기회를 모색했다. 생활맥주를 시작한 2014년부터 나는 이 꿈을 이루기 위해 부지런하게 발품을 팔며, 지금의 생활맥주를 만들었다. 생활맥주를 시작하면서 품은 꿈이 지난 11년 동안 내 삶을 이끌었다. 만약 내가 그저 생활맥주를 통해 부를 축적하는 데만 몰두했다면, 생활맥주는 지금 사라지고 없을지도 모른다. 생활맥주 다점포 사업자로서 매장 몇 개를 운영하는 것에 만족했을 수도 있고, 새로운 사업 아이템을 찾아 헤매고 있을 수도 있다.

나는 여전히 꿈꾸고 있다. 생활맥주는 이제 막 해외 진출에 발걸음을 뗀 어린아이와 같은 기업이지만, 나는 머지않아 전 세계 곳곳에서 생활맥주를 만날 수 있기를 꿈꾼다. 은퇴 후에는 전 세계를 여행하며 세계 각지의 생활맥주를 찾아다니며 개성 넘치는 맥주를 마시는 상상을 한다. 나뿐만이 아니다. 외식업을 시작하는 모든 사업가가 꿈꾸기를 바란다. 국내 외식 업계에서 가장 필요한 것은 꿈을 성취하기 위해 노력하는 기업가들이다. 나는 대한민국의 모든 외식 사업가들이 눈앞의 이익을 추구하기보다는 지속적으로 성장할 수 있는 브랜드를 만드는 꿈을 품기를 바라고, 산업에 기여할 수 있는 브랜드를 만드는 꿈을 꾸기를 바란다. 사업은 궁극적으로 소비자와 세상을 이롭게 하는 일이다. 더 많은 외식 사업가들이 사업을 통해 더 많은 사람을 행복으로 이끄는 꿈을 설계하기를 바라고, 그 꿈을 반드시 이루길 바란다. 나 역시 '전 세계의 맥주 문화를 이끄는 외식기업으로 성공하겠다'는 꿈을 이루기 위해 더 열심히 나아가고자 한다.

참고문헌

1 피터 드러커, 《경영의 실제》, 이재규 옮김, 한국경제신문사(한경비피), 2006

2 서민교, 《2023 프랜차이즈 산업통계현황》, 벼리커뮤니케이션, 2023

3 피터 드러커, 《경영의 실제》, 이재규 옮김, 한국경제신문사(한경비피), 2006

4 이나모리 가즈오, 《성공의 요체》, 양준호 옮김, 한국경제신문사(한경비피), 2016

5 피터 틸, 블레이크 매스터스, 《제로 투 원》, 이지연 옮김, 한국경제신문사(한경비피), 2021

6 알 리스, 잭 트라우트, 《마케팅 불변의 법칙》, 이수정 옮김, 비즈니스맵, 2008

7 김난도 외 9명, 《대한민국 외식업 트렌드 Vol.1》, 목새(미래의창), 2023

8 김난도 외 7명, 《트렌드 코리아 2018》, 미래의창, 2017

9 레이 크록, 《사업을 한다는 것》, 이영래 옮김, 센시오, 2019

10 서민교, 《2023 프랜차이즈 산업통계현황》, 벼리커뮤니케이션, 2023

상권을 이기는 작은 가게 성공 법칙

초판 1쇄 발행 2024년 12월 11일

지은이 임상진
펴낸이 김상현

콘텐츠사업본부장 유재선
기획 박훈희　**출판1팀장** 전수현　**책임편집** 김승민　**편집** 주혜란
마케터 남소현 성정은　**표지디자인** 김예리　**내지디자인** STUDIO 보글
미디어사업팀 김예은 송유경 김은주 김태환
경영지원 이관행 김범희 김준하 안지선

펴낸곳 (주)필름
등록번호 제2019-000002호　**등록일자** 2019년 01월 08일
주소 서울시 영등포구 영등포로 150, 생각공장 당산 A1409
전화 070-4141-8210　**팩스** 070-7614-8226
이메일 book@feelmgroup.com

필름출판사 '우리의 이야기는 영화다'

우리는 작가의 문체와 색을 온전하게 담아낼 수 있는 방법을 고민하며 책을 펴내고 있습니다.
스쳐가는 일상을 기록하는 당신의 시선 그리고 시선 속 삶의 풍경을 책에 상영하고 싶습니다.

홈페이지 feelmgroup.com　**인스타그램** instagram.com/feelmbook

ISBN 979-11-93262-33-7 (03320)